U0497067

乐温长歌

——长寿佛教遗址考察辑录

道坚 | 著

宗教文化出版社

图书在版编目（CIP）数据

乐温长歌：长寿佛教遗址考察辑录 / 道坚著 . 北京：宗教文化出版社，2025. 3

ISBN 978-7-5188-1619-4

Ⅰ. K878.65

中国国家版本馆 CIP 数据核字第 2025H4P538 号

乐温长歌

——长寿佛教遗址考察辑录

道 坚 著

出版发行： 宗教文化出版社

地　　址： 北京市西城区后海北沿 44 号　（100009）

电　　话： 64095215（发行部）　64095363（编辑部）

责任编辑： 杨登保

版式设计： 武俊东

印　　刷： 河北信瑞彩印刷有限公司

版本记录： 787 毫米 ×1092 毫米　16 开　19.5 印张　350 千字

2025 年 3 月第 1 版　2025 年 3 月第 1 次印刷

书　　号： ISBN 978-7-5188-1619-4

定　　价： 168.00 元

“华岩文丛”缘起

中国佛教的三个优良传统，一是农禅并重的传统，二是注重学术研究的传统，三是国际友好交流的传统。这三个传统是中国佛教徒在两千年来从事佛教事业的活动中，经过长期的探索和实践后创造和发展起来的，其中注重学术研究与文化教育事业，是佛教发展的最主要的动力之一。佛教传入中国以后，受到了以士大夫为首的一些佛教徒的重视，刻苦钻研佛教的教义理论成为他们一生的事业。在佛教界内部，有一大批有学识文化、有思想、有独立创见的僧人在不断地研讨佛教教义，或者翻译著述，或者讲经说法，等等。如果没有魏晋南北朝时期的佛学繁荣，中国佛教就不会出现隋唐时期的中国化的宗派，我们所熟悉的历史上的道安法师、慧远法师、玄奘法师、宗密法师以及各个宗派的创始人，如天台宗智者法师、华严宗法藏法师、律宗的道宣法师、法相宗的玄奘法师等都是热心于佛教学术文化并对之有重要贡献的僧人。禅宗被佛教史认为是不立文字、直指人心的佛教宗派，但是就是这个派别的祖师造出的语录和文字最多，所以正是由于有了这样一批热爱佛教学术文化的先辈，才使佛教的思想文化日益深入人心，佛教才能对中国传统思想文化产生影响，最终与儒家和道教鼎立，成为中国传统文化不可缺少的组成部分之一。

一

巴渝地区的佛教历史悠久，文化底蕴丰厚。巴渝地区是南方丝绸之路的重要节点。两晋之后，长江中下游湖北地区佛教发展迅速，位于水路联系紧密的重庆地区，自然也会受到影响。隋唐时期是整个佛教发展的鼎盛时期，巴渝佛教也在这时有了大的变化。这时在中国佛教史上有过贡献的僧人如玄奘法师、马祖道一等人都来过重庆。玄奘取道重庆到湖北荆州，马祖在渝州从圆律师受戒。巴渝佛教石刻艺术发达，以大足区为中心的佛教造像，成为重庆佛教的最重要特征，并为以后的佛教发展奠定了基础。大足石刻是巴渝佛教徒自己设计和雕刻的佛像，不仅数量多，达数万尊，而且技法成熟，代表了中国佛教雕刻最成熟时期的作品，在中国佛教艺术史上具有重要地位。明代，民间流传“上朝峨眉，下朝宝顶”的说法。“峨眉”是佛教四大名山之一，西蜀佛教的重镇；“宝顶”是大足宝顶山石刻，被誉为川东明珠。明末清初，破山海明从浙江天童寺回重庆以后，在梁平双桂堂高树法幢，巴渝佛教开始出现新的生气，进而在全国各地产生了影响。近现代，重庆佛教一直活跃在中国佛教界，特别是在20世纪上半叶，这里曾经一度成为全国佛教的中心，以太虚法师为首的一大批高僧在重庆影响了全国的佛教事业。重庆佛教在全国佛教界和巴蜀佛教界占有重要的地位。

研究重庆佛教的意义在于：首先，重庆是我国地域最大、人口最多的城市之一，对于这么重要的一个城市，佛教于历史上在这一地区发挥了应有的作用。研究重庆佛教，就是想说明重庆佛教的历史与文化现象，展现重庆佛教的风采，为重庆佛教所起的历史作用，也为重庆佛教在中国佛教的格局中所处的地位做一个很好的说明；其次，重庆佛教的内涵丰富，资源众多，研究重庆佛教，是研究重庆地方文化现象的重要内容；再次，重庆佛教有很多可以利用的资源，像双桂堂、华岩寺、汉藏教理院等都对中国佛教作出过重要贡献，在佛教史上也值得浓重写上一笔；最后，研究重庆佛教是重庆佛教界自身发展的需要。通过研究重庆佛教，让重庆的佛教徒了解重庆佛教的贡献，促使它们更加关心和热爱重庆佛教，发扬爱国爱教的精神，为重庆佛教的有序传承，打下良好的基础。

二

重庆华岩寺，因寺南侧有一华岩洞而得名。传说古洞中石髓下滴成水花，故称华岩，或曰清初僧人圣可挂锡于此，夜梦五色莲花大如车轮，因有华岩之名。明清两代历有修建。华岩寺岩高百丈，形状如笏，雄伟壮观。环寺岗峦起伏，群山如莲，又有天池夜月、曲水流霞、万岭松涛等八景。全寺由大老山的大雄宝殿、接引殿和华岩洞三部分组成，建筑总面积近万平方米，寺院占地70余亩，有房300余间。殿阁巍峨，依山傍水，茂林修竹，泉水潺潺，被誉为巴山灵境、川东第一名刹，为重庆市重点文物保护单位。寺里留存清人龚晴皋及赵熙等名人题写的匾额和碑石，供人们瞻仰。

华岩寺自创建以来，一直把办文化教育事业作为寺院的主要任务之一。开山祖师圣可法师，受其师破山海明的影响，重视佛教教育与文化的建设。他曾经撰写了《禅林宝训顺硃》一书，以宋宗杲、竹庵所编《禅林宝训》为蓝本，对其顺硃填墨，进行知识性与思想性的疏释，以之作为当时僧伽教育的教材。援易儒道以正面开示禅道，强调长老、住持以至学道僧人以悟道修德为大体和根本。圣可认为，丛林乃悟道修德之所。“同建法化，互相酬唱，令法久住”，“共同建立法幢，兴隆教化。或抑或扬，互相酬唱。令诸佛法，久住世间”。丛林乃薰化圣凡之场。“所谓丛林者，是何说也？乃是陶铸凡愚，以成圣哲。抚养鞠育人才美器之地。教令法化，咸由兹出”。僧材的使命乃“克绍洪规，如当家种草”。德玉释之曰：“种草言继业。好人为好种草，犹好田出好种草也”，“能续大法洪规，为担当佛祖家业的好种草。”此乃昌盛门庭、丕振僧教之肯綮，对丛林僧材的诠选。圣可诠释说：“罗致收拾东西南北英灵俊秀衲子，随顺其器具量度，或浅或深，并才力性情，有能无能，开发而选用之。”广揽四方英俊讷子，开发以行道。关于教化的对象，他指出：“凡一切人之性情，本无一定可守，随人教化而改移。”所谓“衲子无贤愚，在宗师诱致”。关于丛林教学方法，他说：“道尊然后人知敬学”，教人“时时刻刻，以戒忍为墙篱。定慧为甲胄，常自防卫”。以“感动于人”“感服于人”。“衲子无贤愚，在宗师诱致”，因材施教，观机说法。《顺硃》非常注重悟道修德的首要地位。“道德乃丛林之本，衲子乃道德之本”，“空无作无相之道，布施爱语利同之德，乃丛林之根本。英人哲士，又乃道德之根本”，“丛林保护衲子，衲子保护道德，两相保也。主法人讵可无三脱、四摄之道德耶？无则丛林必废无疑矣”。《顺硃》对悟道修德的谆谆劝导，仍然对现代丛林培育僧德、僧格具有重要的借鉴意义。在现代丛林教育中，《顺硃》应当成为现代僧人涵养德性、磨砺人格的龟鉴，可以成为日弦夜诵、精进励行的范本。他还撰述《道德经顺硃》《梵网戒顺硃》《百颂》等专著，开重庆地区佛学研究之先河。

圣可圆寂200余年后，中国社会进入了民国时期，华岩寺经历了不少磨难，到了觉初法师任方丈的时候，寺院开始有了起色。觉初法师是一位致力于推动佛教教育与文化的僧人。他毕业于四川法政学校，因念世乱将兴，人生虚幻，遂入佛门。觉初精研教律，兼修禅观，慨佛法凌夷，僧徒失学，昏歧无灯，曾经在成都文殊院创办佛教小学，在华岩寺创办华岩小学，兼收僧俗二众，又曾东渡日本，考察佛教。他被推任华岩寺方丈，先后八年传戒七期，倡议发起创办汉藏教理院，办川东联合佛教会，创川东联合佛教中学部，对中国佛教系统教育有积极意义。觉初法师将一生的心力全部投入佛教教育之中，认为教育不力，佛教不兴，所以他不仅办教育，而且还做文化，在寺庙里面设立了刻经处，雕版刻经，印刷流通，华岩寺的刻经享誉西南地区。可惜的是，觉初法师因操劳过度，过早地离开了尘世。

觉初法师办佛教教育与文化的遗志是由宗镜法师来完成的。宗镜法师曾在宁波观宗法社从谛闲法师学习天台教义，又应宁波七塔报恩佛学院之聘，教养学僧。1932年，原设在报恩寺的川东佛教联合中学部，迁移华岩寺，改组天台教理院，宗镜法师曾经在教理院任教授。1935年8月，宗镜法师被推任华岩、报恩两寺住持，极力维护教理院之发展，1837年他将教理院改为华岩寺佛学院。得到了著名学者王恩洋先生的支持。宗镜法师礼请王恩洋先生来寺讲经，“商将本寺佛教小学堂扩充，改办佛学院，敦聘大德讲授，更辅以本寺诸师和合共事，敢信其必有成也”。认为“以丛林之基础，建法王之胜幢，五年十年，乃至百年，务期学风淳厚，教义丕扬”。宗镜法师主寺以后，做了两件大事，一是力提僧纲，严肃威仪；二是创办了华岩佛学院。华岩寺得以中兴。人称：“故华岩自可师开山后，丈席之任代有薪，传至宗镜上人来寺住持，革故鼎新，振聋发聩，肃僧纲严，戒律宗风为之一振。复建立佛学院，显扬圣教，利益有情，时人号中兴焉。”

自宗镜法师之后，经过半个多世纪的风风雨雨，华岩寺再度迎来了黄金时期。1987年，心月法师住持华岩，1991年正式举行升座法会。1993年，华岩寺组建了三年制的中专僧伽学校。1995年，重庆佛学院由罗汉寺迁入华岩寺，与僧伽学校合并，是年9月1日，正式命名为“重庆佛学院”。惟贤法师与心月法师分别任正、副院长。2004年12月，道坚法师任副院长。

2005年5月，重庆佛学院举行隆重的成立授牌仪式。重庆佛学院以“戒、定、慧”三学为纲，以“智、行、悲、愿”为院训，坚持“学修一体化、生活丛林化、管理科学化”的办学方针，旨在培养爱国爱教、弘法利生、解行并重、德才兼备的现代僧材。该院的学制为：预科二年制，本科二年制，研究生三年制。现有法师、讲师总计30多名，聘请社会其他大学兼职教授9名。现已毕业六届学僧，共计400多名，分赴各地寺院做管理工作，或于佛学院任教，或于各地佛教协会任职，更有不少优秀学员到北京等地继续求学深造。佛学院现有弘法楼、觉初图书馆，收藏各种书籍30000多册，建造有教师楼、学生宿舍等。重庆佛学院还于2005年12月举办了以佛教教育为主题的“重庆华岩佛教文化论坛”学术讨论会，来自全国各地的佛教学者60余人参加了会议，提交论文45篇，收录在《重庆华岩佛教文化论坛论文集》里。

三

现在，我们已经进入21世纪。新世纪的佛教文化和佛学研究，仍然是佛教界和学术界文化建设的重点，也是各个寺院建设的重点工作之一。寺院将成为传承佛教文化和学术研究的主要力量。华岩寺将一如既往地坚持祖师大德前贤注重修持、开办教育与弘扬佛教文化的传统，为此倡议出版发行“华岩文丛”。这套丛书的落脚点在西南地区的佛教，重点是扶持重庆佛教文化与学术研究，此外还兼顾其他与佛教内容有关的著作，最终形成出版多层次、内容广泛、有影响的佛教著作文丛。

“华岩文丛”的编纂与出版，是重庆佛教界及华岩寺的一件文化大事。我们热切希望佛教界和学术界人士关注重庆佛教，研究佛教的历史文化，研究当代佛教，并请你们将研究的成果交给“文丛”发表，让重庆佛教的百花园发出芬芳，提升重庆佛教文化的品位。

是为序。

道　坚

于重庆华岩寺方丈室

2006年12月15日

目　录

【渡舟镇】

【凤城街道】

【葛兰镇】

【洪湖镇】

【江南街道】

【邻封镇】

【龙河镇】

【石堰镇】

【双龙镇】

【万顺镇】

【新市镇】

【晏家街道】

【云集镇】

【云台镇】

【长寿湖镇】

高山寺

高山寺，位于长寿区八颗镇曙光村 7 组，始建于清。寺庙遗址在高山寨之巅，与石庙相望。沿崎岖山路蜿蜒而上，石蹬弯幽，寿木古藤，人迹罕至。及至山巅，可窥庙址全境。古寺为清时里境陶、项、秦三姓捐金建修。

昔日古寺建有四合院式木质建筑，有山门、钟楼、戏楼、正殿等。整座寺宇结构严谨，古朴雅致。山门外立一根楠木制灯杆，高及丈五。每岁除夕夜点油灯升至杆顶，至十六日而止，名曰“九龙灯”，入夜照耀四方，人心朗净，万里圆明。

1949 年后，殿宇废弛，遗址北侧山壁现存有题刻一处，为长方形浅龛，宽 0.67 米，高 0.42 米，阴刻楷书，可识文字如下：

高山寨地基原系昔年陶、项、秦三姓舍入公□，众议踩踏修寨，□后开挖地基□□。咸丰七年，复凭众清理舍入项者，□无地□租。其有秦姓与项□□增□未舍土块。太平之年各凭耕种，□避兵造屋自愿不取地租，外有项增禄、项钟万寨内土块一并舍入庙僧。至于周围内墙不许开挖耕种，因勒石以垂不朽。咸丰七年三月吉日公立。

高山寺题刻

古磬寺

古磬寺，位于长寿区八颗镇斑竹村4组，始建年代不详。寺院遗址在村东隅庆风寨之下，前临渣口石，四周竹松郁翠，水月涵光。

据村民朱德清讲述，古寺历来久远，始创无考。清光绪年间，因殿宇榱题凋落，大雄像日就荒凉。有会首邹、田姓倡首，募诸檀越，得郡士陈、徐、张等十二姓赞襄佽助。诹日命工，庀材储瓦，开山运石，擘画经营，不惮辛勤。凡殿庑庭堂，门垣台榭，故者新之，腐者易之。又以住持焚献无资，施谷积利，为久安计，买置斋田。前后费工十月而成，一时佛像器具，威严灿烁；殿堂门壁，幽清净洁，过者起敬，观者改容。

民国年间，古寺尚存为四合院式木质建筑，坐东向西，占地约500平方米。由下殿、戏楼、厢房、正殿构成。正殿奉石雕观音菩萨、山王菩萨、药王、牛王等神佛塑像，下殿供关圣帝君及周仓、关平塑像，庄严威武。时有僧尼三人住锡于此，护持道场。

1949年后，殿宇为乡民借居。1958年时殿宇被拆毁。寺址现已荒芜，古迹无存。

普陀寺

普陀寺，位于长寿区八颗镇新路村 4 组，始建年代不详。寺院遗址在村西隅庙堡之麓，其地前临溪涧，绕茂树，幽静清雅，足称邑境僧庐之冠。

相传清时，有周、胡、王、罗四姓，自湖广入川至长寿落业。觅址后，发心各捐金资，先建修寺宇，乃预备灰石，精选工匠，内外咸葺，装塑圣像。

民国年间，古庙尚存四合院式土木结构建筑，占地约 700 平方米。有观音殿、药王殿、川主殿、文昌殿等主要建筑，供奉着释迦牟尼、观音菩萨、文昌菩萨、药王等五十多尊石雕泥塑神佛塑像。殿宇青砖灰瓦，楼阁翘首，精工毕致，佛像菩萨工艺考究，每尊形象各异，栩栩如生。观音殿前植有金银桂树，相传为寺宇祖师手栽，今枝繁叶茂，常年葱绿。

寺庙虽小，远至垫江、邻水也常有香客不顾路途艰辛，前来朝拜。时有比丘尼一人常住于此，广种福田，苦心修行，夜演经教，昼施医药，慈悲古朴，里人敬之。

1949 年后，寺宇废弛，殿堂改建为小学使用。遗址现为新修民居所覆盖，原建筑格局不存。

青杠寺

青杠寺，位于长寿区八颗镇石马村 4 组，始建年代不详。寺庙遗址在和尚堡之麓，坐西向东，依山而建。其址北连黄龙寺沟，南抵茅草坪。其地外峻内平，峰峦翠绿，周匝四围，松柏郁深，盖故胜地。

据村民谢坤同讲述，相传古寺建于前明，昔时殿宇宏敞，佛像庄严，晨钟暮鼓，乃里境一大招提。后因兵火之扰，规模逐渐缩小，颓废有年，庶草蕃芜。至民国年间只存大殿三间，两厢数椽，有寺僧一人住庙守护道场。

据村民回忆，1949 年初，殿内尚有道光年铁钟一口，高约数尺，其音清越，异于他钟。殿内佛台上供有一尊黄铜铸造的释迦佛像，铜质冶炼，精致细密。佛面如满月，身披袈裟，服饰朴实，造像庄严如法，若用金属敲击，发声清脆悦耳，俨如铜铃。后毁于 1958 年，被村民砸碎做了农具。

1949 年后，庙宇废弛，遗址现已为荆榛所覆，古迹无存。现存下殿基址，面阔 27 米，进深 9.5 米，台基高 0.6 米，存二级台阶，长 2.6 米；上殿基址面阔 29 米，进深 13.5 米，台基高 2 米，存 10 级台阶，宽 2.3 米。

乐温长歌

准提寺

准提寺，位于长寿区八颗镇梓潼村3组，始建年代不详。寺宇旧址在梓潼场东隅，临街而建。昔日垫江至重庆的古道即从此间而过，一条青石板路贯通南北，长约百余米，谓之“老街”。街巷两边尽是层层叠叠的木质穿斗房，或为商铺，或为民居。每日南来北往的挑夫、商贩在此歇息、交易，梓潼场也因此而繁荣兴旺。

相传清时，有高僧自天台寺而来，挂锡梓潼场关庙，思为行脚诸僧地。见邑绅孙氏，好善乐施，遂至其府，募得一吉地，创立堂楹，庄严佛像，宗风丕振，殿宇清幽，以待十方衲子。复买置斋田十五石，以为香火之资。俾堂庑及丛林中所宜有者，无不悉具，上可以备贤侯之游观，下可以集文士之肄业，钟鼓偕鸣。

民国年间，古寺尚存四合院式木质建筑，檐楹窗棂，巨细毕整。正殿中坐者为三大士像，金彩丹翠，香水供具，极其完美，器具雅洁。下殿敬设川主、药王、牛王诸神像，精巧超常，凛凛有生气。

时有寺僧一人住锡于此，夙禀刹根，坚持戒律，远接临济之宗脉，洞晓不二之圆诠，续焰不绝。维时幢幡高照，梵呗鸣空，沉檀之气，上腾紫霄，瞻礼之诚，远通兜率。自是寺之佛法常新，泽遍十方。

1949年后，寺宇废弛。殿宇初为乡民所居，后改建为梓潼医院，拆毁于20世纪60年代初。寺址现已荒芜，古迹无存。

八颗庙

八颗庙，位于长寿区八颗镇八颗村 2 组，始建年代不详。寺院遗址在原八颗场西隅，前拱牛阆万梁子，南向水井湾，坐北向南，旧为四合院式土木结构建筑。

据村民王云华讲述，乡间故老相传，寺址原在牛阆万梁子上，明时因受雷击火焚迁移于现址。民国年间，寺院尚存，时有寺僧五人住锡，护持道场。山门的门楣上雕有两条蟠龙戏珠，各具姿态，栩栩如生。大殿门额上悬“德沛苍生”匾额，为清乾隆七年（1742）进士甘如谷所题。殿内供奉有一尊铁铸佛像，高约 2 米，呈跏趺坐姿于仰瓣莲花上，周身凡关窍穴位处皆铸有圆形浅碟。乡中旧俗，若有信众身患痼疾，即可在铁佛像相应部位处盛满灯油，每日来此诚心叩首拜佛。据乡民所述，此尊佛像应为一尊燃灯古佛像。

1949 年后，殿宇被乡民借居，20 世纪 70 年代末被拆毁。遗址现为现代建筑所覆盖，古迹无存。

东阳寺

东阳寺，位于长寿区八颗镇幸福村 1 组，始建年代不详。寺院遗址在五咀堡之麓，坐北向南，依山而建。其址南向王家咀，北连庙坎脚，四围松柏樟楠数亩，嘉木蓊郁，飞鸟往还，乃天然出尘之境。

相传寺地古有梵寺，始有殿宇三楹，礼观音大士为主尊。后世渐加葺治，载兴香火，规模渐盛。明末，寺坏于劫火，遂致荒埃坌积，荆棘滋深。迨至清初，有比丘僧行脚于此，见佛像露立于蔓草间，立志复兴。乃焚林以驱兽，剃草以寻径，从而葺之。越三载而成，始有复兴之规模。

据乡民杨德受讲述，曾听村中故老相传，昔日东阳寺三殿杰立，瑰伟雄丽。大雄殿中位列西方三圣金身，十八罗汉环列两侧。圆通殿内立千手观音像，十地菩萨佐其两旁。关圣帝君独居一殿，护持伽蓝道场。凡众像严设钟鼓鱼板，适皆完美。清末，因庙产兴学的兴起，庙产被提留公用，寺渐颓圮。民国年间，尚有僧众三人住锡于此，晨钟暮鼓，侍奉香灯。

1949 年后，寺宇为乡民所借居，1958 年，殿舍俱被拆毁。今址为田土所覆，古迹无存。

复兴寺

复兴寺，位于长寿区八颗镇磨滩村 5 组，始建年代不详。相传寺地旧有古庙，时有殿宇三楹，礼观音大士为主尊。传说清光绪间，有乡耆路过此间，因天热在庙前树荫下小憩，走时忘了背褡裢（钱袋子）。半炷香后，乡耆才忆起褡裢遗在庙地，忙寻回此间，却见一条白狗守着褡裢，内装银两分文未少。乡耆深受感动，遂将银两捐出重修寺庙，越岁工竣。

民国年间，寺宇尚存四合院布局，木质结构穿斗房，占地约 800 平方米。由北至南，有二进院落，凡楼、廊、庑、僧寮等 40 余间。中轴线上依次为山门、戏楼、天王殿、大雄宝殿、玉皇楼等建筑。寺内古木参天，花木繁茂，翠竹掩亭，金碧辉煌，琉璃光耀。大雄宝殿内佛台上供奉有石雕阿弥陀佛、观世音菩萨和大势至菩萨塑像。阿弥陀佛高约三米，高肉髻，披袈裟，火焰形背光上铭刻着造奉者的姓名；两侧的观世音菩萨和大势至菩萨为泥塑，通身遍施彩绘。三尊造像比例匀称，气韵生动，面目庄严。

寺院自建成以来，一直香火不断，鼎盛不衰，每年会期（庙会）不断。而以每年的四月初八日释迦佛圣诞，规模最甚，从垫江、邻水等地赶来朝拜礼佛的香客达数千之众，会期长达月余方渐歇。

1949 年后，殿宇废弛。“破四旧”时期，寺内佛像、经卷等诸般法器、法物等悉数被毁，古迹今已无存。

黄龙寺

黄龙寺，位于长寿区八颗镇石马村 5 组，始建年代不详。寺庙遗址在黄龙寺山之麓，坐西向东，依山而建。其址前拱达牛坝，后枕岩口山，周连沟辅其左，木鱼堡翼其右。四界幽篁深邃，曲蹬盘回，积翠沾衣，浓荫蔽景，实一邑之胜地也。

据村民项千城回忆，民国年间，古寺尚存四合式木质建筑，有殿舍 30 多间，占地约 300 平方米。殿前石阶左右各置有石狮，气势威武，两侧又有数棵合围粗的白果树，枝繁叶茂。每当寒露霜降季节，满树的银杏叶由绿渐渐变为金黄色，一阵秋风扫过，一片一片的树叶随风飘曳，撒落寺院屋顶、地面，铺上了一层“金毯”，颇为壮观。殿堂明间内佛台上奉有释迦牟尼佛、东方药师佛、西方阿弥陀佛圣像。沿后檐墙各置神台，供有观音菩萨、关圣夫子塑像。次间、梢间各分置川主、药王、送子、土地等神祇塑像。

寺院每年会期不断，香火旺盛，历史悠久。规模较大者有正月初九上九会、四月初八佛祖会、六月十九观音会等。

1949 年后，庙宇废弛。遗址现存有佛像残件一尊，砂岩质，圆雕，头部缺佚。残高 0.57 米，肩宽 0.25 米。可识为双肩披衣，腹部可见下着裙，双手左上右下合掌于腹部，结跏趺坐于莲座上。莲座上部为浅浮雕三层仰莲瓣，下部为方形台基。

开张寺

开张寺，位于长寿区八颗镇梓潼村 5 组，始建年代不详。寺庙遗址在四垭口，坐西向东，依山而建。其地前拱西山梁子，后枕王家湾坡，北连老湾堡，南向庙堡。四周乔木蔽云，其朝暮，其四时，饶有楚楚幽致。又因其地当孔道，往来之人憩息其间，喜得绿树浓荫，广覆于上，诚为里境胜迹。

据村民王东全回忆，古寺原有山门、观音殿、川主殿、文殊殿等建筑，供有大小石雕神佛塑像六十余尊，有燃灯佛、释迦佛、观音菩萨、送子娘娘、川主、药王等，神态各异，栩栩如生。山门外建有石雕神龛一座，奉土地公、土地婆塑像。庙后原有清泉，水质甘饴，四时不竭，细流有声。

传说民国年间，有贼兵登山，见一大将杵立山门。贼众反奔，闻尾后若百万甲马声，皆落荒而逃。嗣后，寺宇香火更盛，四季香火缭绕，游人络绎不绝。

1949 年后，殿宇废弛。遗址现为山林所湮，原建筑格局不存。距寺址北侧约 200 米山腰处，发现有石像残件三尊，为寺庙旧物，皆有缺佚。观其雕凿工艺，皆为清代遗物。

龙潭寺

龙潭寺，位于长寿区八颗镇高兴村 2 组，始建年代不详。寺院遗址在村西隅龙潭溪南侧，临水而建，旧为四合院式土木结构建筑。

相传清雍正年间，有廖氏族众自湖北麻城跋涉至此，垦荒置业，数代后家族兴旺，遂捐资建寺，招僧焚献，以期福荫子孙后世。乃鸠工庀材，构建前后殿阁、左右廊庑、僧寮、香积种种，凡瓢、笠、杖、钟磬，无不具足，俨然禅人衲子之所为者。又置敬田净地，以为香火之资。

寺前有龙潭溪，是由明月山上的旦丘、核桃、龙洞沟三条清溪在此间汇流而成，晶莹碧透，甘甜清冽。寺僧在寺前建有茶棚，为进香的善信和过往的路人惠施茶水，颇得里人称颂。

据村民叶金宇讲述，民国年间，尚存殿宇十余间，时有僧尼一人住锡寺内，护持道场。乡中旧俗，每岁三月办会，七日而止。是日，庶民结伙进香，会首鸣金号众，众率之，其后有唱吹弹鼓以赴。又以持旗幢者十，绣旗丹旐各十，青黄皂绣盖各十，相随。亦有拜者，顶大士像，步一拜，数日至。

1949 年后，殿宇废弛。“破四旧”时期，寺中法器、法物悉数被毁。遗址现已辟为田地，古迹无存。

鹿坪寺

鹿坪寺，位于长寿区八颗镇高兴村2组，始建年代不详。寺院遗址在村南隅罗家湾，坐东向西，占地约600平方米。寺后有山岭状若虎形，吞吐云气，逶迤东去，山上松柏参天，四季翠绿。寺前田野无限，村落密布，风景秀丽。

据村民叶金于回忆，民国年间，古寺尚存四合院式土木结构建筑。由西向东由山门、关圣殿、凌霄殿、藏经楼、东西两厢、禅堂和僧寮等建筑组合而成，殿宇飞檐斗拱、重檐歇山、天花藻井，典雅肃静。殿内供奉有释迦佛、弥勒佛、玉皇、千手观音、十八罗汉等石雕神佛像，姿态各异，栩栩如生。1949年初尚有梓潼人氏“许和尚”等三人在此住庙修持。其擅于诊治疑难杂症，常于周围山岭采制草药，自配膏丸，救人无数。又传其擅于耕种，所种植的红薯，常送与善信烹食。

寺院有庙田十余亩，交与佃户一人耕种。每年的农历二月十九日是观音菩萨的圣诞，寺院要办庙会三日，各乡善男信女聚集于此。

民国年间，因庙产兴学之势，张汝霖于1930年在寺内创办鹿坪寺小学，得政府拨款资助，开付河乡公立小学之先。1949年后，殿宇改建为付河中心校使用，至20世纪70年代末期，学校搬迁，殿堂被乡民拆毁，古迹不存。

石龙寺

石龙寺，位于长寿区八颗镇八颗村 5 组，始建年代不详。古寺遗址在三百梯山之巅，坐北向南，依山而建。其址北倚菩提山，西面鄗蓬山，东连大石板，南抵石香炉山。四周山峰耸翠，云覆龙盘，形势气概，堪为禅林之境。

相传古寺创始久远，始建无考，历元经明，兴而废，废而兴，代代有僧以承其美。明清之交，栋梁经兵火成焦土矣。清中期，里境有九十老叟张氏，偶游于此，观古刹遗址，遂起经营，修葺观音殿宇，塑装无量寿佛，鼎盖左右禅室。

民国年间，古刹尚存四合院式木质建筑。寺内中作佛容，旁列诸天神像，外竖重门。金刚、天王、龙神、灵官无不咸备。殿后构楼五楹，以藏经卷；殿前构楼二座，以悬钟鼓。整座建筑，雕梁画栋，飞檐翘角，极大伟观。乡中旧俗，每岁正月初九办会，七日而止。

1949 年后，寺宇废弛，殿堂改建为学校，后废弃。遗址发现有石像残件三尊，砂岩质，圆雕，均有缺佚，观其雕凿风格，应为清代遗物。据寺址西侧约 300 米处山间岩壁有题记，于崖壁上开浅龛，宽 0.64 米，高 0.48 米，题记表层起壳风化，仅有数字可识为“……嘉庆十五年庚午□浣月九十老叟□□殿修□□马头歌……”。

新烟寺

新烟寺，位于长寿区八颗镇石马村 3 组，始建年代不详。寺院遗址在牛田堡之麓，前拱大岭堡，南连五锁坟，北连枣树堡。其地负高而临深，泓汀百仞，蜿蜒摩天，而苍翠接于眉睫，概为里境形胜之地。

相传古寺原位于“达牛堡”上，原为一正两横的三合院式小庙，由于年久，庙小，地势狭窄，清光绪年间由当地士绅倡首，庶民踊跃成之，搬迁到此处重建。民国年间，尚存有四合院式木质建筑，有上下殿、山门等。殿内正中奉一尊泥塑的释迦牟尼佛像，双手合十，结跏趺于莲台上，慈眉善目，宝相庄严。沿两侧山墙神台上分置泥塑的观音菩萨、文昌帝君、木雕十八罗汉等造像，一尊尊罗汉姿态各异，神采飞扬，各具神态。庙后岩壁有石凸出如盖，凿有石龛一窟，塑大士像一尊。

1949 年后，庙宇废弛。遗址尚存有石窟一龛，距地表 2.2 米，为方形单重龛，窟宽 1 米，高 0.94 米，进深 0.57 米，龛壁有较粗凿痕。龛内正壁造高浮雕像三尊，造像表面已被毁凿得凹凸不平，仅可识别中间主尊结跏趺坐于莲座之上，两侧立像已漫漶不识。寺址东侧有溪涧，上有单拱石拱桥，拱券纵联砌置。桥西侧存残碑两侧，碑首半圆形，署款“道光二十八年□月九日上浣吉旦”，余皆漫漶不识。

兴隆寺

兴隆寺，位于长寿区八颗镇干滩村2组，始建年代不详。寺院遗址里村东里许，旦丘溪带其前，庙堡枕其后，四周茂林蓊翳，郁乎青青，令人静谧而神荡。

据乡民张素云讲述，寺院旧为四合院式石木结构建筑。1924年，因殿宇历岁既久，风霜迭易，久为雨露所坠，堂厦诸神像，残蚀剥落，倾圮几废。众会首聚议，募资重造佛殿。十方善信或解囊相助，或捐募工料。经修葺后，兴隆寺焕然一新，雄伟壮观，古朴高雅。有山门、戏楼、大佛殿、两厢韦陀殿、玉皇阁、祖师殿等建筑。寺宇楼阁鳞次栉比，殿宇望衡，晨钟暮鼓之声，响彻山林。时有僧三人在此住持道场，朝暮礼拜，演习经教。

1949年后，寺宇废弛。20世纪60年代初，因修建公路，殿宇被拆毁，古迹不存。现在遗址西侧约150米处田地里尚存有石狮残件一对，圆雕，青石质。座高1.31米，狮身高2.1米，宽0.95米，长1.29米，双耳伸出两侧，双目圆瞪，口横长，且张开，右前足踏一绣球，背部浅浮雕双钱结，狮身身躯挺拔。

喻家寺

喻家寺，位于长寿区八颗镇干滩村 5 组，始建于清。寺院遗址在五咀堡山麓，坐东向西，依山而建。其址背枕雷打石，前拱回龙山，南接马拉口，北连施家岩。寺周园林树竹，葱茏翠馥，秋冬时分常见云雾萦绕，天晴之时却见山势曼妙，满目馨香，溪涧流水声不绝于耳，身临其境，令人有心旷神怡之感。

据村民李云成回忆，相传寺地古既有小庙一间，供大士圣像。清光绪九年（1883），里境喻、周两姓族众捐资，将庙宇迁至此地重建。越岁而成，始有复兴之规模。殿中位列西方三圣金身，十八罗汉环列两侧。因里境喻姓占多，乡人概以喻家寺而称。

民国十六年，保长孟良成募资重营殿阁，装修佛像，金碧辉煌，聿壮厥观。时有山门、川主殿、观音殿等建筑，碧采绚焕，古朴幽雅。寺宇内供奉有送子观音，其像为石雕，高约二米，头戴宝冠，上浅浮雕一尊小坐佛。

寺院每年会期不断，以农历六月十九日观音会规模最甚，要摆素筵三十桌，招待进香还愿的信众。民国后期，设私塾于寺内，有学生二十余人。

1949 年后，殿宇分给村民居住。因年久倾圮，庙宇旧貌不存。今址有善信砌屋供奉神像礼拜，仍以喻家寺而名。

【但渡镇】

火烛寺

火烛寺，位于长寿区但渡镇但渡村8组，始建于清乾隆年间。寺院遗址在村西隅走马岭之巅，坐南向北，依山而建。其址东倚狮子堡，西面大堡林，北连刺山坝，南抵烂筒子堡，前可远眺菩提山景。四届砠峦秀丽，泉沸清涟，林茂草翠，盖为里境邑形胜之地。

据村民周淑惠回忆，昔日寺宇规模较大，旧为四合院布局，木质建筑，占地约700平方米。有山门、戏楼、大佛殿、玉皇楼等建筑，飞檐画栋，雕梁翘角，古朴雅致。大佛殿内正中佛台上供有铁铸燃灯古佛结跏趺而坐，法相庄严，栩栩如生。沿两侧山墙神台上奉有十八罗汉、眼光娘娘、川主、地母等神像，金箔贴身，塑艺精湛。

民国年间，尚有僧智全等二人住锡。逢每岁二月办庙会，七日而止，日间请有戏班酬神唱戏，入夜则观舞狮子，玩龙灯，场面宏大壮观，年复一年，年年如此。

1949年后，殿宇改作校舍使用，后为乡民占用，经逐年改扩建，建筑已毁，然台基尚存。

遗址现存基址二进，平面呈长方形。Ⅰ号基址位于遗址最北侧，东西宽约20米，南北进深约13米，地面用条石错缝平铺。基址南侧存石狮形柱础两件，红砂岩质，高0.43米，长0.57米，宽0.23米。

Ⅱ号基址位于Ⅰ号基址南侧，通过八级台阶相连，台基高1.65米。台阶两侧垂带石完整，表面踏跺已被破坏。台阶西侧存古井一口，井沿用青石围砌成方形，井底被泥沙淤积，水质浑浊。

Ⅱ号基址西侧发现有残碑一截，高0.67米，宽0.54米，碑身尚有数字可识如下：

盖首

圣人易□绳而为书……具字迹之□□……中皆□字藏□……乾隆年间建□□□依千人善功永垂不朽矣。

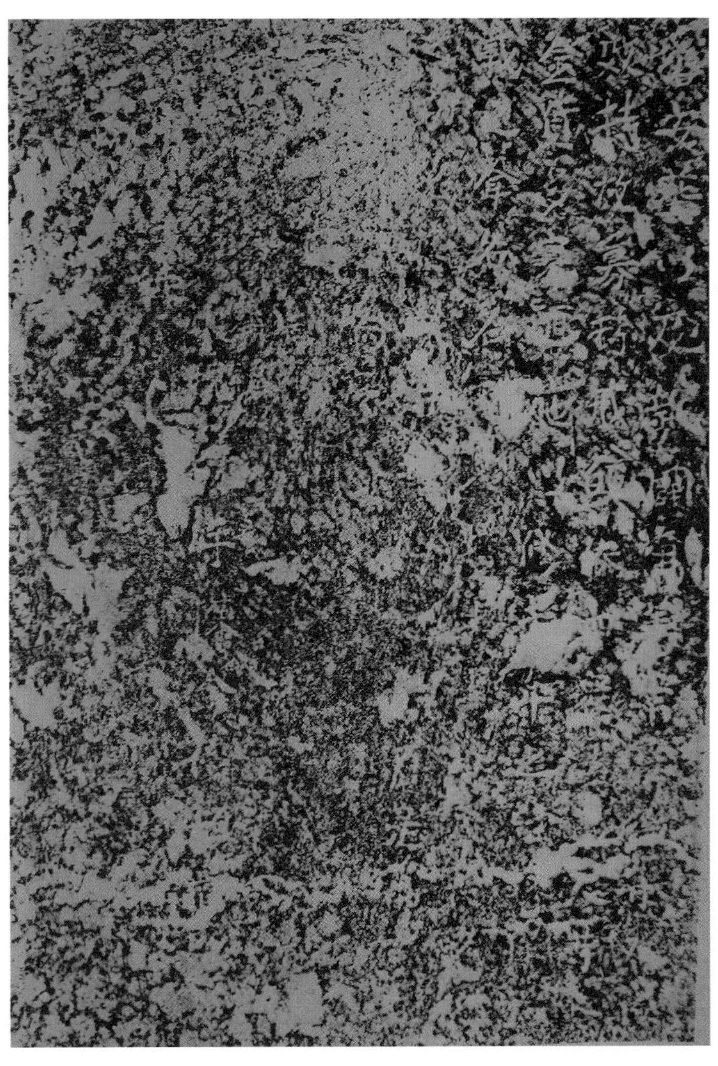

火烛寺残碑拓片

观音寺

观音寺，位于长寿区但渡镇胡元村 4 组，始建于明。寺庙遗址在走马岭西母猪湾山巅，坐东向西，依山而建。其址前拱新院子堡，背枕李子堡，北有团堡之倚，南有生元堡之望。登埠遥睇，而丘陵起伏，烟云缥缈，殊悦心目，堪称胜景。

据村民梅素英讲述，传说寺地古有庙宇，供药王菩萨，引来四境善信纷纷前来焚香朝拜，盛极一时，后毁于兵燹。

清道光年间，有里境善信刘氏观寺地断壁残垣，古刹已为一片废墟。乃与同来众信立下宏愿，立志募资重建，恢复道场。经数年苦心经营，劝募布施，随募随修，建立佛宇三楹，雕木为像，涂以朱彩，朝昔焚献，用福乡邦，以观音寺而名。

清光绪年间，首士杨明顺、代能倡首捐资，鸠工庀材，重建天王、观音殿，修伽蓝、祖堂、庖库、方丈若干楹。殿之中，增置金像，声之以钟鼓，列之以炉鼎。寺既成，购置常产，以为香灯之资。寺周栽植竹木，蔚成重林。昔日殿宇壮丽，像绘森伟，规模轩豁，木石瓦甓，金碧相照。

据村民唐林素讲述，昔日古寺每岁要办会期三次（农历二月、六月、九月），意示观音菩萨二月十九诞辰、六月十九得道、九月十九出家。其中又以农历二月十九规模最甚，前来祈福膜拜的善男信女如织，香火鼎盛。民国年间，有会首孙氏募众捐资维修下殿，以结福果，历经年余而告竣，并将各自捐资如数刻于碑石。

1949 年后，殿宇先改作校舍使用，后为大队办公室。几经改扩建，寺院旧物再难寻觅。遗址今尚有碑刻一碣，虽有残缺，仍有文字可识如下：

……明正德十……道光二十六年，善士刘□修建庙宇。光绪十六年，本方人民遭难卧床不起，死者无数。观音大士悲悯众生，瓶洒甘露于向王氏梦中，言明吾今救度施放，应化果然，乡人病痊愈。善士杨明顺、代能用募化善众缘资装金，十月十九日开光点像。首士者募化十方诸人善缘，重修大殿，连岁刊塑大佛、川主、韦陀。七月初二开光，二十四塑眼光财神，七月三十日开光。连塑十八罗汉、三仙圣姥。二十一年七月十八日开光。为首众善士杨能兆、杨仁杰、杨仁忠、曾能烛……（功德芳名略）。光绪二十一年桂月上浣日。

观音寺拓片

弥勒堂

弥勒堂，长寿区但渡镇兴同村 3 组，始建年代不详。寺院遗址在村东隅太阳堡之麓，前拱庙咀坡，东踞罗汉坡，西临柏树湾。其址山幽溪深，林木葱郁，地僻而尘嚣不到，花香而禽鸟和鸣，洵为里境之风景绝佳地。

据村民张连因讲述，相传寺宇创于明季，明里人徐氏，幼入缁流，长勤梵业，后削发卓锡于斯。建法堂，东西两廊，塑装三圣金像、天龙八部、观音、火神、龙王诸圣于殿内，凡瓢、笠、杖、钟、磬，无不毕备。又增置田亩，以衣食沙弥，世保焚献无替。明季末，寺毁于兵燹。清同治年间，有善信倡首重修梵刹，乃募金资，鸠工庀材，构建前后殿阁经楼，左右翼以楹榭，上下饰以丹铅，不数载而成，三殿杰立，瑰伟雄丽，功倍往昔。

村民王松贵回忆，幼时曾听村中长者谈及，旧时大殿山墙一面嵌砌有石碑五通，镌刻于清光绪年间。碑中所载，“清光绪二十二年信士彭氏施钱拾千文置买灯田，刘谭氏等捐山地一契作香火之资”。

民国年间，古寺尚存正殿两厢，有僧一人住锡。1949 年后殿宇为学校所用，遗址现已荒芜，仅余山门前黄桷树一株，枝繁叶茂，传为建寺时僧众所栽。

白佛寺

白佛寺，位于长寿区但渡镇曾祠村 2 组，始建年代不详。寺址位于白庙坡之巅，面向大丛湾，后枕玄幡堡，坐北向南，依山而建，四周俱是田园农舍，烟火百家，鸡犬相闻，风光无限。

清光绪年间，有善信捐资建寺，并置买田业，以作常住之资。

据村民袁绍兰回忆，民国年间，古寺院尚存四合院式土木结构建筑，有僧人住庙。自北向南依次有山门、正殿，两翼为僧寮、经房，正殿佛台上供有观音、文殊、普贤三尊彩绘泥塑圣像。观音菩萨头戴花冠，面相清秀，帔帛绕肩，薄衣贴体，法相庄严。寺址西北侧原建有石塔，为六角七层楼阁式石塔，高约 7 米，底层开有弧形顶门，上刻楹联为“慈心浩渺度来人，慧眼分明观过客”，此塔在 1949 年后被村民炸毁。

正殿佛台北侧悬挂有径尺铜钟一口，其音清越，异于他钟。每日晨暮，僧人击钟，泠韵幽声，耸然动听。

乡中旧俗，逢每岁四、六、九月办庙会，请有戏班酬神唱戏。民国后期，设学堂于寺内，1949 年后，殿宇仍为学校使用，后废弃，今址不存。

宋家寺

宋家寺，位于长寿区但渡镇但渡村 2 组，始建年代不详。寺院遗址在村南隅但家湾后山，坐北向南，依山而建。其址地脉秀丽，山水清奇，嘉木美竹，葱茏荫翳，诚为福田香火之地。

相传清初“湖广填四川”时，有宋氏族众由湖北麻城迁来长寿垦荒置业，历经数代后家族渐旺。遂由族中耆老合议捐资建寺，以培福田庇佑子孙后世。

据村民秦少碧回忆，民国年间，尚存有殿宇两进，中轴线上依次设山门、戏楼、川主殿、观音殿等建筑。寺内古木参天，花木繁茂，翠竹掩亭，境极幽邃。观音殿内佛台上供有石雕阿弥陀佛、观世音菩萨和大势至菩萨塑像，阿弥陀佛高约三米，高肉髻，披袈裟，面目庄严；两侧的观世音菩萨和大势至菩萨均用砂石雕凿，秀骨清相，薄衣贴体。

寺院自建成以来，香火不断，每年会期（庙会）不断。而以每年的四月初八日释迦佛圣诞规模最甚，远至涪陵、南川亦有信众寻来朝拜，会期长达月余方渐歇。

1949 年后，殿宇废弛。遗址现已为农田所覆，原建筑格局不存。遗址发现有圆雕观音造像一尊及佛首一件，砂岩质，通高 1.18 米，双肘宽 0.43 米，头部为现代补塑，表面已被涂漆，根据雕刻工艺判断，应为清代遗物。佛像双肩宽 0.30 米，肩披帔帛，腰系长裙，外披袈裟，左手置于腹前，上置宝瓶，右手于体侧曲肘施法印。结跏趺坐于台座上，悬裳下垂，双膝宽 0.46 米，右腿在上左腿在下，腿部阴刻有衣纹。台座高 0.25 米，正面浅浮雕鱼纹三条。

回龙寺

回龙寺，位于长寿区但渡镇龙寨村7组，始建年代不详。寺院遗址在寨子坡东隅，坐北向南，依山而建，与罐子寺依山而望，占地约600平方米。旧为四合院布局，木质建筑，占地约600平方米。

据村民王淑年回忆，民国年间，尚存有二进院落，正殿为“观音殿”，供有木雕大士圣像一尊，钟楼、鼓楼翼其左右；前殿为“川主殿”，殿内奉川主、文昌、送子娘娘、药王等神像。观音殿后又设藏经楼、禅房、客斋等，檐牙高啄，如翚斯飞。殿与殿之间均设廊道、花圃相连通。山门建在寺址最南端，石墙拱门，前有戏楼。大门两边的门柱上，镌有楷字对联，黑底金字，上联为“矍铄微支杖”，下联是“清癯不染尘”。整个寺宇建筑布局合理，做工精巧，翘角飞檐，堪为丰收场上一大禅林。

逢每岁的农历六月初九，办“寿生胜会”三日，供善男信女拜佛祈福，禳灾解难。庙会之日，寺院整夜灯火通明，信众香客络绎不绝，有的善信还三步一拜、五步一叩地磕头到观音圣像前，焚香许愿。而寺外亦人山人海，拥挤不堪，玩龙灯、舞狮子、打腰鼓、玩杂耍、卖糖果的，五花八门，应有尽有。

因寺位于长寿通往涪陵的交通要道，每日行人川流不息，乃自成乡场“回龙场”。乡中旧俗，每至“回龙场”上集期之日，场上的粮食买卖在寺内进行。寺僧监督交易公平，并收取少量货物为酬劳，名曰“打斗口”。

1949年后，殿宇废弛。殿宇为乡民借居，逐年被毁，遗址已为现代建筑所覆盖，古迹不存。

楠木院

楠木院，位于长寿区但渡镇楠木村 1 组楠木山腰处，坐东南向西北，依山而建。其址前拱华井冈，后枕吊嘴堡，左界寨坪坡，右接回龙湾。周遭诸峰环绕而拱扶，林木蓊郁，烟霞朝暮，四顾奇绝，实为里境风景最佳处。

乡中故老相传，寺宇建于唐时，初名静观寺，历经宋元，罹于元末兵燹，殿宇像设，圮为瓦砾之墟。明时，有里境定慧寺僧，杖锡过此，目击颓垣坏础，隐隐于荒荆秽草间，延伫久之，慨然有兴复志。乃自捐钵银，购得其地，市材鸠工，建立堂宇，塑绘神像。道场即废复兴，而僧众愈广，气势愈昌，千年古刹于是乎兴焉。因寺地盛产质坚色佳的楠木树，故县人又以楠木院呼其寺名，沿用至今。长寿明代孝廉，曾任湖南麻阳、翁源两县县令的李士震，游古寺时见一枯树发出新枝，叹以为奇，赋诗一首曰：“古寺幽深锁翠霞，菩提无树识僧家。谁教枯木兰芽茁，怪道当年说雨花。”

清光绪年间，庙宇因历年既久，栋木朽坏。有里境好善之士倡首培修，计有陈、吴、秦、王氏等一百二十户捐款，共成盛举。上则增建殿阁，改塑神像；下修大殿、乐楼，瓦壁龛座概事培修。

民国年间，寺宇尚存四重殿宇，依山而建，梯次上升，估计有殿、堂阁、寮三百多间。民谚有谓“晶山寺的谷（喻其庙产土地多），楠木院的屋（喻寺院屋舍多），东林寺的佛”，规模可见一斑。古寺前为山门殿、天王殿，中为关圣殿，上殿为大佛殿，供释迦佛像、燃灯佛、阿弥陀佛像。两侧配殿以“十二殿”相侍。

因寺地形如旧时乡间用以照明的桐油灯碗，清嘉庆年间，寺中住持僧在寺右侧约百米处植有枫香树一株，意为拨动灯芯的灯棍，可使寺宇长盛不衰，法音绵延。今址古树已枝繁叶茂，遮天蔽日，为楠木院一景。

民国年间，寺宇不但房舍宽广，庙产亦盛。鼎盛时期，计有田产 500 余亩，并开有偏岩、老厂、新厂沟、荣洞湾等七处煤厂。每天卖煤的钱财，要两个人才能挑起送回寺中。为防土匪劫掠，寺中置有土炮二门，以作护寺之用。时有僧广元、广全、尘海、觉贤、广智等十余人住锡于此，晨钟暮鼓，侍奉香灯。

1949 年后，寺宇废弛，设桐木小学于寺内，后为县林管站。今址尚有遗迹可寻。

王家寺

王家寺，位于长寿区但渡镇双河村 6 组，始建年代不详。寺址位于村西隅约 2 里地之团山堡上，坐东向西，面向大沟湾。昔有殿宇二进，占地约 600 平方米。

相传古寺为清初“湖广填四川”时，落业长寿万顺场之王氏族众募资创建，初为家祠。因族众素有崇佛之习俗，又改建祠堂为庙宇，并招僧住锡，经营香火。

据村民王全生讲述，清同治年间，古寺已为乡民祈福拜佛之处，尊信者日众，敬崇者日广。时有乡耆王氏捐资新建弥勒殿，大施材木，助修观音殿，并塑接引佛、天王诸像。又砌石台修石径，寺周遍植松柏，置买水田三契，储供万年灯。然后常住庙貌屹然具备，俨然一大观矣。

民国年间尚有僧二人住锡于此，朝夕焚檀燃蜡，诵其言，持其戒，护持道场。

1949 年后，寺宇废弛，殿宇初为乡民借居，后被拆毁辟为田地，旧址不存。遗址发现有石柱础二件，形制相同，砂岩质，均为两层垒叠，上层为浅圆鼓形，下层为方形，通高 0.36 米，直径 0.31 米。

罐子寺

罐子寺，位于长寿区但渡镇未名村 4 组，始建年代不详。寺址位于岩上坡岗上，依山而建，面向夸夸寨，左界丛树堡，右临双河口，四周黛山翠岭，林丰草盛，一派田园风光，景色旖旎。

相传远至宋元，即有高僧在此搭蓬修行，后经历代祖师培补扩建，寺院渐成规模，鼎盛时期有寺僧二十余人，四季香火缭绕、信士络绎不绝。

据村民杨天柝讲述，民国年间，古寺尚存四合院式木质建筑。自南而北有山门、戏楼、关圣殿、大佛殿等，两翼有文昌、观音及钟鼓楼相卫。山门上挂有木额匾，上书“罐子禅寺”楷体大字。大佛殿内供奉有释迦牟尼、观音大士、十八罗汉等佛像，均由香樟木雕刻而成。相传，雕制佛像时用的香樟木，为清嘉庆时里境善信刘氏所布施。关圣殿正中供有泥塑关圣帝君神像，两侧分列石雕川主、地母、华佗、药王等神像。昔日观音殿前曾有门联云：“万感通灵甘分杨柳枝头露，一心救苦香静莲花座上春。”

关公原是三国时蜀汉人物，为刘备手下大将，后世民间将关羽奉之为神。传隋代时天台宗的创始者智者法师，为其神魄讲说佛法，授三皈五戒，从此成为佛教的护法神，称为“伽蓝菩萨”。在长寿的佛寺遗址中，以关圣为庙宇护法，并建殿祀奉，较为普遍。

民国后期，因庙产兴学，设学堂于寺内，时有寺僧二人住锡于寺内，侍奉香灯。1949 年后，殿宇亦为学校，毁于 20 世纪 70 年代末。遗迹现为山林所覆盖，古迹已不存。

辜家寺

辜家寺，位于长寿区渡舟镇新大路村 8 组，始建年代不详。古寺遗址在村西隅辜家河侧，临河而建。相传清时，里境有辜、许二姓，因睹寺基绝佳，皆想独占。后对簿公堂，辜氏以建庙培福为由，赢了讼端，并在此间建庙，后世日久，概以辜家寺而称其名。

据村民叶绍明讲述，寺院旧为四合院布局，土木结构建筑，由山门、观音殿、两庑等组成，占地面积约 500 平方米。殿中供有大小佛像七十多尊，栩栩如生，惟妙惟肖。1949 年前，寺院四周尽是合围粗的香樟树，枝叶繁茂，冲入云天，院内种植有奇花异草，环境幽雅洁净。

乡中旧俗，每岁六月十九日，办庙会三日而止，并请有戏班酬神唱戏，供前来烧香朝拜的村民观看。

1949 年后，庙宇废弛，寺周古香樟树被砍伐殆尽，香火断燃。“文革”中佛像被推，房屋倒塌。此后，村民在寺址上辟田开荒，古庙从此踪迹难寻。

晶山寺

晶山寺，位于长寿区渡舟镇果园村3组，始建年代不详。古寺遗址在村东隅晶山寨内，坐北向南，依山而建。光绪《长寿县志》载："晶山寨踞渡舟场东十五里晶山上，四面峭壁，高七十余丈，周围三里，景极佳。"

相传明时，里境兵匪肆虐，里民被其焚掠者，不可胜数。有首士领左右士民就近筑寨，预贮米石，以给饔飧。贼闻有备，亦即引去，城乡编户，胥赖以全。灾劫过后，众善咸称皆赖此山为保障，遂遵神道设教之意，建修梵刹，肖释迦、观音并天子、文昌、武圣、川主等诸圣像。

民国年间，寺宇尚存，为四合院式木质建筑，占地千余平方米。有山门、观音殿、关圣殿、弥勒殿、大雄宝殿等，飞檐画栋，雕梁翘角，规模宏伟。大雄殿内正中佛台上供有泥塑释迦佛结跏趺而坐，法相庄严，栩栩如生。沿两侧山墙神台上奉有十八罗汉、眼光娘娘、川主、地母等神像，金箔贴身，塑艺精湛。观音殿内有乌木所凿的大士圣像，曲眉丰颊，面容端庄，旁有善财、龙女相侍。两侧山墙佛台上亦供有十八罗汉浮雕石刻，每位罗汉均雕刻于一块石板之上，生动逼真，栩栩如生。山门镌联曰："晶山巍峨千峰竞秀，桃水苍茫万壑争流。"清末庠生舒兴铨曾游晶山寺，题《重游有感》一诗："一别名山四十秋，重来僧已雪盈头。酒泉寂寞祠堂冷，古物荒凉草木愁。感旧不堪论往事，浮生且喜得闲游。回栏斜倚凭高望，烟雨空濛欲满楼。"

民国年间，寺宇尚有僧戒凡、月朗等七人住锡寺内，护持道场。寺宇庙产颇丰，年收租谷160石，名谚有谓"楠木院的屋，晶山寺的谷"。1944年，长寿县佛教会在晶山寺举办释迦佛诞辰法会，全县各寺代表300余僧尼参加，规模隆重。

1949年后，寺宇废弛，曾创办学校于寺内，今址仅有基址可寻。发现有石碑一通，砂岩质，阴刻楷书，宽0.41米，高0.72米，厚0.11米，碑身

可识文字如下：“兹将镌资众善姓名资□均列于后。总首杨青云、龚如凤、刘太清……”。

晶山寺拓片

磨盘寺

磨盘寺，亦名觉法寺，位于长寿区渡舟镇太平村3组，始建年代不详。古寺遗址在村南隅磨盘堡之麓，坐东北朝西南，依山而建。其址四周绿树茂密，曲径通幽，鸟语花香。

据村民罗明淑讲述，民国年间，古庙尚存四合院式土木结构建筑。正殿三间，分祀观音、罗汉、药王泥塑像。两厢为僧寮、客房。下殿供关圣，并药王灵官诸神。寺址西侧原植有一棵合围粗的黄桷树，枝繁叶茂。树身面东的一枝干上，悬一铜钟。每日朔望之时，寺僧撞钟击鼓，钟声悠扬悦耳，周围村舍的乡民均能清晰可闻。殿内山墙上原嵌砌有石碑两通，镌刻有观音庙募修缘起及捐募资金的功德芳名。1949年后，被村民抬走作房屋基石，现已不存。寺有耕地十余亩，为众姓捐施，由寺僧耕作，农禅并举。

乡中旧俗，每岁二月十九日传为观音菩萨诞期，寺庙办庙会三日而止。1939年设小学于寺内。寺僧叶、王、白等姓氏数人仍住锡于寺内，侍奉香灯。

1949年后，殿宇废弛。学校仍设寺内，寺内铜钟用作学校上下课的敲钟铃使用。20世纪70年代末，学校迁出，殿宇拆除。遗址现为荆榛所湮，古迹无存。

菩提寺

菩提寺，亦名金容寺、晶山寺，位于长寿区渡舟镇菩提村菩提山巅，坐南向北，依山而建。菩提山海拔 598 米，巍峨壮丽，山顶中凹，似一盂仰置。山有两峰，一峰作菩提圣灯，一峰为菩提寺，规模宏大。清康熙《长寿县志·山志》载："菩提山，治北十里，相传菩提至此，故名。上有菩提寺，为县镇山。"昔明僧大智在山顶竖一根高达 20 米的铁灯杆，上置一灯碗，内盛清油，入夜燃灯，昼夜通明，为一邑之奇观。明人李开先有诗赞曰："灵山天际望，蓬炬斗间萦。金阙回朝旭，珠宫敞夜明。鸟啼惊绕树，蛾附竟依檠。应识昏衢晓，春光绕凤城。"

明正德年间，长寿进士戴锦曾游菩提山，他以长寿近郊有二山东西对峙，在东名晶山，在西名菩提山，认为"东则日出之曰晶，西侧日入而反射之宜曰晶。屹然相向，天然对峙。若名菩提，虽缘佛乘，转乏胜义。吾以此山位次西方，受日之光，更名晶山"。此后，邑人又称菩提山为晶山，菩提寺又称晶山寺。

中国禅宗初祖菩提达摩曾云游于此，传禅宗正法。自达摩住锡，距今已有 1500 年禅脉，故有"达摩道场、禅宗真脉"之称。明邑孝廉傅珩登菩提寺参访祖师足迹后留有《秋日登菩提山和壁间韵》诗句传世："菩提何日始名山，铁瓦参差画闭关。鸟为机忘常故故，云因空际自斑斑。个中欲证无生诀，此处须应索鲜颜。稽首众山如会意，点头顽石笑人间。"

明清之际，古寺屡毁屡建，至民国初，已扩建为六重殿宇，绀殿琼楼，美轮美奂，常有骚人逸客，咏歌游览于其地。寺宇规模宏大，由山门而上，依次为接引殿、天王殿、大雄宝殿，大殿两翼为伽蓝殿、祖师殿（供禅宗初祖达摩祖师），再进为燃灯古佛殿、演讲佛经和皈依集会的法堂，寺宇最南端为玉皇殿，又称"凌霄宫"，殿门镌联"升入此门通帝阙，极居其所即天枢"。又绕寺为廊，以居僧若干盈，金碧丹雘，绘彩灼烁，风振铎鸣。清长寿文人，西充代理知事钟文鼎游菩提寺后，题诗《季秋题菩提禅院》，其一：“高僧巧说度人舟，煮茗谈经小院幽。莫道祇园空色相，四围红树满山秋”；其二：“苍茫古寺淡斜晖，目送丛林宿鸟归。佛殿香焚开晚景，钟声摇破暮烟飞。”

古寺庙产颇丰，约400亩山寨均附于寺，有上千石田土，富甲一方。1949年后，寺宇废弛，住持能玉（河南新乡人），离寺赴重庆罗汉寺常住。唯有寺僧刘吉成住寺至20世纪70年代初，后还俗至菩提山下的胡家沟。

2009年，长寿区地方宗教部门谋划恢复寺宇，以满足信教群众所需，并延请华岩寺方丈道坚法师筹备寺院复建事宜。2014年10月，菩提寺复建重光，占地约60亩，殿宇面积4500平方米，全木结构，五重大殿，蔚为壮观。寨门牌坊、山门殿、天王殿、钟楼、鼓楼、观音殿、地藏殿、大雄宝殿、藏经楼、祖师殿等错落有致、交相辉映。寺内引种了斯里兰卡的菩提圣树，迎请了佛宝《贝叶经》，并供奉有木雕佛像108尊，其中菩提达摩雕像由完整的千年金丝楠阴沉木雕成，高6米，重6吨，为世间珍宝，世所罕见。祖师达摩赤足踏地，手持钵盂，肩荷杖藜，昂首扬眉，栉风沐雨，东渡而来，望之使人敬伏。

太平寺

太平寺，位于长寿区渡舟镇天桥村5组，始建年代不详。古寺遗址在渡舟太平场北约1里的太平山之巅，坐西南向东北，依山而建。其址东接岩湾，西连斜垭口，四周嶙峋突兀，泉瀑交悬。寺址南侧有梯径可通山顶，古柏桑竹，夹道清荫。陟岭则信步天衢，瞩远则白云崇霭。

相传寺地旧有古刹，年久而倾，仅存基址。清乾隆年间，有沙门行脚至此，适见庙宇倾颓，遗基故址，莽然荆棘。乃募善缘，慨然立志复兴。由是乡耆士绅、巨商大贾，均乐捐资。鸠工募匠，陶瓦抡材，因其旧址，以次重创。历时数月而成，于是庙貌辉煌，梵刹再兴，宗风丕振。复又增置常住田地六亩，岁入谷百斛，为僧朝夕膳。

迨至民国年间，因社会动荡，庙宇已显颓迹，廊殿倾圮，香火荒凉，行人绝迹。据村民回忆，古庙尚存四合院式殿宇二重，分祀佛祖、川主、观音、药王等石雕塑像三十余尊。1924年，因庙宇兴学，创县立万松小学于寺内。

1949年后，殿宇废弛。遗址现存有寺院基址，余皆难觅。

渡舟寺

渡舟寺，位于长寿区渡舟镇渡舟村新大路村 8 组，始建年代不详，遗址现为渡舟粮站址。昔日古寺为四合院式木质建筑，殿宇崔巍，佛像焕然。殿前原有木制灯杆，由柏木所制，杆体雕凿了五条惟妙惟肖的蟠龙，杆顶设有伞盖，顶部镂空，灯座为石质须弥座，浮雕有八吉祥图案。从初一至十五日，每夜皆由寺僧燃天灯十数盏升于杆顶。

民国年间，古寺尚存，由北向南依次为山门、关圣殿、释迦佛殿、玉皇殿、东西两厢、禅堂和僧寮等组合而成。殿宇飞檐斗拱、重檐歇山、天花藻井，典雅肃静。殿内供奉有释迦佛、弥勒佛、玉皇、观音菩萨、十八罗汉等石雕佛像百余尊，姿态各异，栩栩如生。

据村民叶淑明回忆，昔日古寺内的玉皇殿规模最甚，有殿堂五间，明间神台上奉一尊泥塑玉皇大帝神像，身着九章法服，头戴十二行珠冠冕旒，手持玉笏，旁侍金童玉女，两侧神台前各置木栅栏，栅栏后为神台，两边各塑像十尊，有药王、周公、水神、桃花女、火神、川主等造像；南侧次间供十八罗汉像，北侧次间祀灵官神像。

1949 年后，殿宇废弛。遗址现已建有现代建筑，古迹无存。

高峰寺

高峰寺，位于长寿区渡舟镇高峰村 9 组，始建年代不详。古寺遗址在渡舟场西隅约 4 里的高峰寨内，坐北向南，依山而建。其址面向李家湾坡，蟠龙寨峙其左，灯杆堡翼其右，四周岗岑回抱，溪壑回互，群峰辐辏，可谓山川之至胜。寺宇建于此奇胜之地。

相传古寺创始久远，历经宋元，明末毁于兵燹。清乾隆年间，有僧从治西十里天台寺来，睹其风雨飘摇，鸟鼠攸去，殿宇荒凉。于是发宏愿，光复祖师道场。乃广募众善，庀材储瓦，开山运石，擘画经营。凡殿庑庭堂，门垣台榭，素绘雕镂，故者新之，腐者易之，创建改作。其间楼宇耸翠，费资不啻千金，皆赖僧独力而为。

迨至民国年间，寺宇尚存四合院布局，殿宇五进，木质结构，殿阁齐备，规模宏伟，颇有大丛林景象。沿中轴线布置的山门、钟鼓楼、哼哈殿、无常殿、天王殿、大雄宝殿、天子殿、法堂等巍然屹立，两侧的关圣殿、观音殿、祖师殿等配殿亦蔚为壮观。殿内供奉有、释迦佛、千手观音等百多尊石雕木凿佛像，精雕细凿，栩栩如生。

据村民杨素华回忆，民国时期，寺宇有角庙多处，如灯盏寺、白马庙、烛庙等，分布于长寿境域多地。尚有僧万发等八人住锡于此，焚檀燃蜡，侍奉香灯。寺有田产 200 多亩，年收谷租千多担，富甲一方。

1949 年后，殿宇初改建为学校使用。1953 年渡舟区委拆去寺宇部分房屋修建办公用房，今址尚有寺基可寻。

黄连寺

黄连寺，位于长寿区渡舟镇黄连村 8 组，始建年代不详。古寺遗址在后周家坝岗下，坐南向北，依山而建，其址西接张冒石岗，东连寨岩脚，四界山幽溪深，林木葱郁，地僻而尘嚣不到，花香而禽鸟和鸣，洵为高僧习静之地。

据村民杨素华讲述，寺庙旧为四合院布局，木质结构严整，占地约 800 平方米，规模较大。自北而南有山门、戏楼、川主殿、药王殿、大佛殿等建筑，殿堂之间以游廊相连。药王殿规模最广，内奉药王华佗石雕神像，高约 3 米，身着灰黄道袍，头裹道巾，面方目朗，坐于方形台座之上，双手搭膝，神态和蔼慈祥。寺庙戏楼规模宏伟，雕龙画凤，在渡舟境域寺院戏楼中，曾经首屈一指。戏楼分上下层，下层为砖石垒砌，通过甬路和山门相连，四面设券门相通；上层为方亭式歇山顶建筑，四翼角翘起，两侧有台阶相通，有斗拱、窗棂，并饰以木雕戏屏，舞台正中挂“人鉴”匾额。整座戏楼雕梁画栋，古朴典雅，别具一格。

民国年间，因庙产兴学渐起，寺宇庙产被提尽公用，后被辟为学堂使用。1949 年后，学校就地改建。2000 年，学校搬迁，建筑被拆毁。遗址现已辟为田地，原建筑格局不存。

鸡冠寺

鸡冠寺，位于长寿区渡舟镇新道路村 10 组，始建年代不详。庙址东倚扇形堡，西面肖家坝，北连疯牛石，南抵筏中院子。四周林茂花香，清泉淘涌，意趣盎然。

据村民罗盛清讲述，相传寺后石壁旧镌有大佛三尊，中释迦如来，左文殊，右普贤，盖自清时兵燹，像为榛莽蒙翳，芜秽弗治。迨至民国初，有邑长者览胜至此，见佛像露立，于是发菩提心，爰以信心捐金，建阁于岩前。栏楯坚好，香涂修洁。又谒本邑绅庶众善，并募诸缘，塑金姿宝相，宗风衍派，古刹维新。工竣，邑都人士咸来顶礼。

民国年间，古寺尚存。为四合院式土木结构建筑，占地约 500 平方米。有山门殿、关圣殿、观音殿、两翼配殿等建筑，整座寺宇金像辉煌。

古刹前设关圣殿，内供有石雕关圣帝君神像，造像头扎英雄巾、身穿绿战袍，左手捋长须、右手置膝间，威武安详。殿前右侧悬有千多公斤的铁铸大钟一口，钟面铸有清嘉庆年号。据说每日晨间撞钟之时，钟声可传数里之遥，后毁于 1958 年。后殿为观音殿，佛台上奉观音菩萨圣像，菩萨头戴宝冠，身披天衣，腰束贴体罗裙，容貌端庄，雍容华贵。两侧山墙上各嵌砌有一块高约 2 米的青石板，用刚劲流畅的铁线游丝笔法阴刻释迦如来像和达摩祖师像，端庄慈祥，栩栩如生。时有比丘僧一人住锡于此，暮鼓晨钟，开堂说偈。

1949 年后，殿宇废弛。遗址现为荆榛所覆，古迹难觅。

【风城街道】

白塔寺

白塔寺，位于长寿区凤城街道城南7里，长江北岸黄草坡麓，坐南向北，依山而建。古寺始建于清道光年间，昔日屋翼华焕，闳壮静深，僧众云集。后因年久损坏，未免堕颓。清道光年间有僧海澄从桓侯宫来，自捐百金，复为整饰，更其廊檐，以壮厥观。前为庑三间，居护法神像；中为正殿，为寝殿，居佛像；左右为回廊，僧寮、客堂十数间，乃佛弟子居之，则其寺曰白塔寺。

据村民李吉森回忆，民国年间，尚存殿宇两进，自北而南，有山门、戏楼、关圣殿、正殿，两翼有斋堂、客堂及钟鼓楼等建筑。山门上悬有木额匾，上书“白塔禅寺”楷体大字。正殿内供奉有释迦牟尼、观音大士、十八罗汉等佛像，均由香樟木雕凿而成。1949年后，殿堂改作村小使用，于20世纪70年代末被拆毁。遗址现为荆棒所没，故址无存。

寺址后塔山之麓有白塔，亦名文峰塔，建于清同治五年（1866），为六角七层空心楼阁式砖石塔。塔高32.6米，塔基石质六角形，高1.65米，每边长4.05米；前有石阶9级，基上六面设柱，高1.1米，柱上均存圆雕石狮。塔身六角形，砖结构，逐层内收，各层设檐，并开有拱形2窗；塔内为实心柱，各层设小屋，内有神龛，龛内残存菩萨像，石阶盘旋至顶，共108级。塔门楹联为长寿知事武林王锡题：“窣堵波峙中流，凤山作镇；勃极烈愿多士，雁塔题名。”进入塔门后，两侧石柱上有运同衔长寿知事桂粟增耀于清同治乙丑年（1865）清和月薄穀旦书题石刻楹联云：“拔地竦支提，秀峙一峰光射斗；擎天森宝刹，名题千佛兆登云。”

寺址东侧有僧墓两座，保存较好，均为石室墓。

墓一之墓门有题刻为“清第十一世圆寂上致下详善和尚之墓，徒海澄祀。大清道光二十九年立”。墓门上方题“自在虚悬”四字。墓门两侧门柱镌联，其一“观心觉地无人我，养性涌天蕴色空”；其二“烟云迷树径，雾露锁泉台”。两侧八字墙镌诗，左侧为“性参天地合阴阳，善哉勤俭苦心肠。重修庙貌石弟创，不倩他人自主张”；右侧为“自入释门已壮年，研穷经典学参禅。日颂弥陀三五卷，太极乾坤一了然”。

墓二之墓门有题刻为“临济正宗派第十世圆寂师傅上如下果老和尚之墓，大清道光二十九年善徒孙海澄祀立”。墓门上方额题“舍利珠还”，墓门两侧门柱镌联，其一为“云水焕彩；风月怡情”；其二为“纤尘不染归于丙；两大皆空媾在壬”。

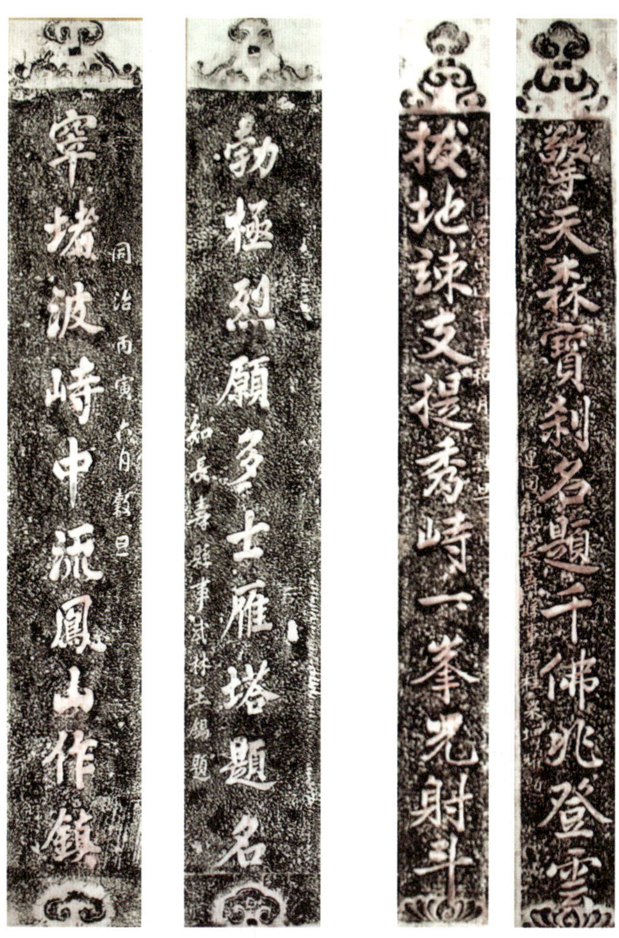

白塔寺楹联

定慧寺

定慧寺，亦名定慧禅院，位于长寿区凤城街道，长江边青龙岭之最高处青龙咀上，始建于南宋绍兴年间（1131–1162），距今已千余年。明成化《重庆府志·长寿县》载："定慧寺，在县东一里，宋绍兴间建，洪武间重修。"康熙《长寿县志》载："定慧寺，治东。宋绍兴中建，明洪武中重修。甲申之乱毁，康熙七年重建。"

定慧寺自创建后，很快便成为长寿的佛教中心。昔日气象崇崛，林莽雄蔚。飞楼杰殿，横跨空廊。内之钟、鱼、铃、磬，外焉垣墙门径，极臻宏丽。缁侣僧流，四时讲演梵秘，渐成大觉祇园。岁时，州之官僚为国祝釐，为民祈祐，必至于此。清康熙《长寿县志·寺观》亦载："为本县习仪朝贺之所。"定慧寺被确定为"本县习仪朝贺之所"，可见其已具备了某种政治属性，远非长寿其他寺庙可以比肩。

据明成化《重庆府志·长寿县》记载：明洪武年间（1368–1398）重修定慧寺时，特别提到定慧寺有"僧会司在焉"。僧会司是掌管一县僧、尼事务的官设机构，长寿僧会司的设立时间为明洪武十五年（1382）。清以后，中华佛教总会于1912年4月在上海成立，1913年长寿县佛教协会成立于定慧寺。

定慧寺烟波浩渺，风光旖旎，历来是文人墨客、骚人逸士，咏歌游览之地。诸多名篇佳句中，尤以"定慧晓钟"最为知名。而定慧寺自古即有"定慧钟声响万里"的传说。明代孝廉李开先有诗《定慧晓钟》赞曰："古寺炉烟歇，明河下五更。初回尘世梦，忽报晓钟鸣。夜送寒山月，朝惊远水清。欲知深省意，试听此间声。"清康熙年间，长寿县令石如今也著有《定慧晓月》："古刹鸣钟万户醒，霜天残月带疏星。山僧有意惊蕉梦，风送人间及早听。"而最脍炙人口的，乃是民国佚名氏著的《民国长寿八景诗》："凤凰展翅落平沙，龙舍舔水夜月斜。菩提山上灯一盏，北观顶上透烟霞。定慧晓钟鸣万里，桃源三洞出仙家。西岩瀑布千条线，吉祥飞来一菩萨。”诸多诗歌所赞叹的“定慧晓钟”，原悬在寺院钟楼，为一口径尺铜钟，每至晨昏，寺僧撞钟报晓，声传百里，长寿城区可闻，历为长寿八景之一。

今之定慧寺，建筑格局基本保存完好，中轴线贯穿东西，四合院布局。中轴线上前为山门，后为三重殿。前殿面阔 19.87 米，进深 10.1 米，高 4.85 米，木结构，悬山顶，穿斗式梁架。中殿面阔 19.87 米，进深 10.1 米，悬山顶，穿斗式梁架。后殿建筑构造亦同中殿。厢房面阔 10 米，进深 7 米，高 7 米。山门上原镌有对联：“碧澈澄江心间佛境，水云飞渡天际慈航。”大雄宝殿右侧门楣石额“古迹犹存”与其门上“自第山来履斯，从不二门进升矣”的楹联尚可清晰辨认。

【葛兰镇】

龙家寺

龙家寺，位于长寿区葛兰镇葛兰村5组，始建于清。古寺遗址在村东隅木鱼堡之麓，坐南向北，依山而建。

据乡民张清昌老人回忆，昔日寺庙坐北朝南，为一四合院建筑，进入山门后是一座两层的戏楼，戏楼正中底楼是一条宽宽的过道直通寺庙四合院内坝。内坝尽头再上七级长12米的台阶便是正殿，正殿面阔五间，为九柱木排列房。殿内左侧架有大鼓，右侧吊有大钟。大殿靠后墙塑有三尊木雕大佛像，中间一尊最大，高约3米，端坐在1米多高的青石平台上。正殿东西两侧配有配殿，分别与正殿和戏楼相连形成一个四合院。清嘉庆五年，寺庙经过一次大规模的维修，并镌刻有记载维修寺庙经历和募捐信众功德名的碑碣，今尚存残碑一截。时有僧尼一人住锡寺内，并收养了两名孤儿为徒僧。

1949年后，政府在这座庙里办了一所公办小学。1954年庙内的佛像和碑碣均被人们捣毁。1958年小学迁走，寺庙的殿宇分给乡民居住。“文革”时，居住在庙里的村民集体拆除了庙宇，各自在原基础上修建了土墙房屋，从此这座寺庙就消失得无影无踪了。

遗址尚存有残碑一截，可识有“张述真、陈西贡、陈炳如”等人捐资建寺功德，镌刻于清嘉庆五年。

龙家寺碑碣拓片

安坡寺

安坡寺，位于长寿区葛兰镇南中村 6 组，始建年代不详。古刹旧址原在村东隅庙坪堡，为单殿式木质建筑，礼大士圣像。传说清光绪年间，有大钟从天而降，落于大林沟。乡人皆谓吉象，乃合谋倡募，建庙于此，以利乡民祷祝。

民国时期，寺院尚存山门、观音殿、大佛殿、皇经楼等建筑。1928 年，因观音殿年久倾圮，住持僧能静募众鸠工，重修殿宇，而里境士民协力以成，越三月告竣。并铸造铜钟一口，悬于下殿西侧的钟楼。

时有寺僧八人住锡，晨钟暮鼓，清静修持。

1949 年后，殿宇废弛，佛像亦被焚毁，今址已无遗物可寻。

白云寺

白云寺，位于长寿区葛兰镇白云村 2 组，始建于清。寺庙遗址在村东隅花果山之巅，坐南朝北，依山而建。其址面向沙梯子坡，左邻麦子堡，右接新庄湾，四界群山蜿蜒，层峦叠翠，田野村庄，在霭霭烟雾中隐约可见，如诗如画。

相传在清雍正年间，里境有富绅，祖上自湖北麻城移民落户葛兰，已至四世，虽家境富裕，虔诚礼佛，但已到知天命之年，尚无子嗣承业。一晚偶得一梦：梦见有白马从西方踏蹄而来，醒来知是南柯一梦。不久其妻即有身孕，次年富绅如愿添一男丁。富绅乃捐资建立殿宇，雕木为像，涂以朱彩，朝夕焚献，用福乡邦，初以白马寺而名。年久，乡人讹以白云寺而称。

民国年间，古庙尚存四合院式木质建筑，奉观音菩萨、川主菩萨等神佛塑像三十多尊。时有寺僧一人常住，护持道场。

1949 年后，寺宇废弛；1958 年，法物被毁。遗址现为山林所覆盖，原建筑格局不存。

碧天寺

碧天寺，位于长寿区葛兰镇白云村 6 组，始建于明。寺院遗址在马鞍山麓，坐南向北，依山而建。其址前拱周家扁岗，东连烂泥沟，西向大湾丘，四界有群山环绕，古树峥嵘，藤条苍翠，乃一邑之胜景。

相传寺辟于明季，有僧自忠郡来，览胜至此，若于此山有宿契之缘，竟留恋不忍舍去。始建观音殿，凡三楹，构宇肖像，以为僧众皈依之所。明末，寺罹于劫火，颓废有年，庶草藩芜，已蒙宝地。清时，有里境张氏者，发欢喜心，自捐囊资，修补装塑前后殿金像，并其庭阶砌墁，建造山门及碑亭甬道、两廊精舍，焕然可观。登斯境者，万象悠然，具陈于目，莫不志旷神怡。

据村民周事忠讲述，民国年间，古庙尚存，其前为天王殿，后为毗卢殿，最后名玉皇阁。其间嘉木美竹，葱茏荫翳，郁然蔚然，诚异景也。1940 年，庙产兴学渐兴，设学堂于庙内，村中贫寒子弟皆免费入读。时有僧尼三人住锡于寺内，护持道场。

1949 年后，殿宇改建为村小学。20 世纪 90 年代学校搬迁。遗址今有信士复建有殿堂，接续古刹香火。

壁福寺

壁福寺，位于长寿区葛兰镇潼观村1组，始建年代不详。寺院遗址在庙顶堡之麓，坐东向西，依山而建。其址南连黄树林湾，北接大坪坝，后有茂林修竹，四境浓荫蓊郁。

据村民刘贵兰讲述，旧时寺院为四合院式木质建筑，三进殿堂，占地约800平方米。寺宇布局严谨，结构精致，有殿、堂、楼、阁、寮、轩等80余间。殿堂依山就势，由低到高，从寺前的山门殿到佛殿再至玉皇楼，整个建筑梯次上升，疏密得体，金碧辉煌。山门殿前植有两棵金桂，合抱有余，枝叶扶疏，覆盖殿庭。殿门石柱上镌有楹联，曰："圣帝森严昭彰分善恶，神岳掌权显著透贤奸。"

民国年间，有僧尼五人住锡于此，僧积泰为长老和尚。众僧严持戒律，旦夕指讲道妙，敷畅法音，祈福于四众。

1949年后，殿宇改为学校使用。20世纪70年代末，学校搬迁后，寺宇建筑尽毁。当时拆毁正殿时，李永奎老人曾见脊檩上有"湖广填川……"等墨字题记。遗址现已建有民居，原建筑格局不存。

朝阳寺

朝阳寺，位于长寿区葛兰镇葛兰村2组，始建年代不详。古寺遗址在场西隅约1里磐石寨锁口垭下，坐西向东，依山而建。

据乡民陈季珍（80岁）所述，寺院原有上中下三殿，全木质结构。中轴线东西贯通，依次有戏楼、山门、天王殿、大佛殿及其他附属建筑，占地约八百平方米，规模较大。整座寺宇结构严谨，均以青瓦铺顶，高脊飞檐，雕梁画栋，雄伟壮观。殿供有三世佛、十八罗汉、观音等石雕神佛塑像七十余尊，皆涂以丹垩，法相庄严，栩栩如生。逢初一、十五，来此礼佛求愿，烧香膜拜者络绎不绝。

民国年间，尚有僧尼吉珍（时任长寿佛教会副会长），徒僧照灵、普云、普和、通法、通传、通珍等九人在此住锡修行，操行不苟，钟鼓不辍于晨昏，里人敬之重之，为邑中善信所称扬。

1949年后，殿宇废弛，尚有僧尼三人在寺址常住务农，20世纪60年代后，住持僧吉珍圆寂，葬在寺院东侧木凉坡上。

遗址现存建筑为清光绪年间兴建，占地约600平方米。寺院整体布局基本以中轴线贯穿全寺，左右对称布置建筑，主次分明。寺院基址的特点是以依山势垒砌基石建成平台，再在上面建造房屋，现存上殿、下殿。下殿台基高1.06米，存6级台阶，宽1.64米；台基上有土木结构穿斗房，板壁墙身，面阔10.5米，进深7.2米，7柱4穿6间。上殿面阔三间14.7米，进深三间14.5米，带前后廊，木结构，悬山顶，抬梁式梁架，五架梁。南配殿台基高1.02米，其上殿宇面阔三间11.3米，进深6.8米，木结构穿斗房，7柱5穿6间。存5级台阶，宽0.53米。

飞佛寺

飞佛寺，位于长寿区葛兰镇潼观村 8 组，始建于清。寺院遗址在村北隅打鼓山坡之麓，坐东南向西北，依山而建。相传清初湖广填川时，有邑民携家眷至长寿落业，行至里境小憩，身缚之佛像却如落地生根。邑民遂在此境开荒屯业，历三世，子孙繁衍，甲第连绵。建置香火堂，名曰“飞佛寺”。

民国年间，寺宇尚存四合院式木质建筑，占地面积约 600 平方米，二进院落。有戏楼、灵官殿，雷神殿、观音殿、释迦佛殿等建筑，殿内供有铜铸、木雕、石刻等佛像一百多尊，整座建筑布局严谨，风格凝秀，形式古朴。有村民还记得观音殿前有联云：“南极慈云彰万化，西陲法雨锡三多。”时有僧五人住锡寺内，晨钟暮鼓，侍奉香灯。

1949 年后，寺宇废弛。1978 年拆除殿宇，栋梁抬去修建大队办公室，今址已无遗迹可寻。2005 年，经长寿区民宗委批准，飞佛寺成立念佛点。

古明寺

古明寺，位于长寿区葛兰镇塘坝村 5 组，始建于清。寺院遗址在和尚坡半山，坐东向西，依山而建。其址背枕四眼堡，前拱狮子堡，南接李家寨，北与帽和寨相接。四界林樾秀美，景物清润，真若图画。

据乡民韩俊蒲（75 岁）回忆，相传古寺创于清乾隆年间，原为里境殷姓士绅募资所修建。民国年间，尚存四合院式木质建筑，按中轴东西纵列，逐殿高升。沿山门拾级而上，为观音殿、大佛殿二重大殿。寺内古柏银杏，参天蟠地，月桂四季飘香。寺前山泉叮咚，古柳成荫，清韵宜人。寺后建有木质亭阁，高约 10 余米，共 3 层，阁身呈八边形，层层逐檐上收，阁内飞檐斗拱，天花藻井，彩画斑斓，金碧辉煌。阁内供奉有观音、龙王、玉皇等十余尊石雕神像。每一尊佛像或趺坐或端坐在佛龛内。

寺院每年会期不断。时有僧尼八人在此住锡，持戒修行，振继祖灯。

1949 年后，殿宇改为小学校舍。后经逐年改扩建，寺貌无存。今址已为荆榛所覆，古迹无存。

观音寺

观音寺，位于长寿区葛兰镇南兴村 5 组，始建年代不详。古寺址在观音寨山之巅，面向四垭口，坐北向南，依山而建。相传清时，邑境有信士发至诚心，增置金像，声之以钟鼓，列之以炉鼎，始兀然为葛兰境域一妙色世界。

据村民叶均陶回忆，民国年间，古寺尚存有四合院式木质建筑，两重殿堂，中轴线南北贯通。其寺之制，中为正殿，左置龙神、罗汉楼，右列大悲殿、祖师堂、禅堂。拱于前，则为西方境明王殿。后环以列屋，门寝斋厨、庾库湢间之属，莫不完备。寺后有塔，规制雄伟。寺周则缭以穹垣，荫以嘉木，凿石径以便行，植松柏以引路。四顾眺焉，竹木森然，一尘不到，金铃宝相，震耀崖谷。

民国后期，因庙产兴学，寺产被提尽公用，又设学堂于寺内，仅有寺僧一人守护道场，每年只给粮食三石以作口食和香灯之费。

1949 年后，殿宇改建为合兴乡学校，1958 年拆毁建筑，栋梁用于修建乡公所。今址复建有殿堂，接续古刹香火。

金刚寺

金刚寺，亦名九灵寺，长寿区葛兰镇葛兰村 5 组，始建于清。寺院遗址在村东隅九灵湾，坐东向西，依山而建。原有殿宇二进，四合院布局，全木质结构，占地约 400 平方米。庙虽不大，香火却旺，逢初一、十五，四境信众来拜，络绎不绝。

据村民卓成荣讲述，20 世纪 90 年代，寺址尚存碑碣一通，镌于清雍正年间，碑中述："有本邑善信王氏，以厥祖旧愿，造观音石像一尊。择址凿石开窟，鸠工集事，阖家随善，共结良缘，永为万世瞻仰。时有里人张氏施田七亩，以助岁供；郡人王氏入圃畦五亩，以广院基。"

民国年间，尚有寺僧"白和尚"一人常住于此，护持道场。其通晓武艺，又会岐黄之术。常于山野中采集草药为人疗疾，擅长以针灸术治病救人。若有病患上门求诊，他都精心诊治，患者经他治疗多感针到痛止，艾灸所至顿觉舒服。在行医之时，若遇贫苦求医者，概予施诊赠药，救人无数，颇得村民的赞誉。

1949 年后，寺宇废弛。今址复建有大雄宝殿、川主殿，接续古刹香火。

金盘寺

金盘寺，位于长寿区葛兰镇烟波村10组，始建于元。古寺遗址在金盘山麓，坐南向北，依山而建。其址山幽溪深，林木葱郁，地僻而尘嚣不到，花香而禽鸟和鸣，洵为高僧习静之地。

寺侧有天然溶洞，高丈许，洞内狭长阴森，寒气逼人，有幽泉自洞底涌出，水声潺潺，四季不涸。民间相传此洞通龙窟，谓“龙潜其中，能呼风唤雨，授人甘露”。

民国年间，寺宇尚为四合院布局，木质建筑，平面呈长方形，中轴线南北贯穿，由灵官殿、观音殿、玉皇楼等建筑构成，两翼为配殿，中有天井。殿堂均为穿斗房，夹壁墙身，顶覆小青瓦，脊饰兽吻、宝顶。观音殿内正中塑观音菩萨结跏趺于莲花佛台上供奉，圣像高及屋顶，造型精巧，神态逼真；佛台两侧各设有大铜钟与大鼓，1949年后被村民打碎做了农具。

寺宇常年会期不断。庙会之期，善男信女斋戒沐浴，敲锣打鼓，燃烛焚香，前来朝拜，远近闻名。1949年后，殿宇废弛。遗址现为荆榛所湮，古迹难寻。

兰家寺

兰家寺，位于长寿区葛兰镇南中村3组，始建于清。寺院遗址在松林寨岗之麓，面向水顶坡，坐东向西，依山而建。

相传清时，岩壁下显出石像观音，天然璎珞，不假雕饰，盖慈悲面非人力所能也。遂有里境善信兰氏，募金资，翦荆棘，除莽秽，鸠工庀材，创建正殿门庑。且拓土肖像，金相玉质，塑大士、十二圆觉并十八罗汉、三府诸像。昔日栋宇聿新，色相完具，法幢宝座金碧绚耀。

据村民张维良（88岁）讲述，民国年间，古寺尚存殿宇二进，纯木吊脚楼。大殿奉观音，配殿供十八罗汉，下殿祀关圣。时有僧尼等三人住锡于此，讲道诵经，参禅阐教，导民向善，焚献精虔。

乡中旧俗，每岁办观音庙会三次（农历二月、六月、九月），意示观音菩萨二月十九日诞辰、六月十九日得道、九月十九日出家。其中又以农历六月十九日规模最甚，前来祈福膜拜的善男信女如织，香火鼎盛。

1949年后，寺宇废弛，殿舍改为大队办公室。遗址现为蔓草所湮，古迹无存。

龙井寺

龙井寺，位于长寿区葛兰镇塘坝村1组，始建年代不详。古寺遗址位于大坡岗山腰处，坐北向南，依山而建。其址东接张家坡，西连石干坪，前拱蒙叫坡。其址山势俊逸，如七宝层台，密箐深篁，罔知所底，时有烟云映带，旌旆驰驱，是一胜境。

古寺历年久远，始创无考，相传清时，有高僧游观至此，睹其美景，遂合誓愿，募化众善，苦志三载而功极告竣。凡佛爷、诸天、金刚、罗汉诸像，堂殿、楼亭、廊庑之具，靡不鲜而美备，蔚为壮观。后蒙兵燹，寺宇颓败，虽尚存颓垣敞庐，不足以遮风雨。嘉庆年间，有住持僧复又重建鼎修，精心培植，规模不断扩大，香火日盛。

据村民余孝忠回忆，民国年间，寺院尚存有四合院布局的土木结构建筑，占地约700平方米，有川主殿、观音殿、古佛殿、皇经楼、十二殿等殿舍。主体建筑都位于中轴线上，配殿位于两侧，均衡对称。殿内奉有释迦佛、观世音、十八罗汉、川主、龙神等六十余尊石雕佛像。整座寺宇金碧照耀，巍峨轩昂，堪为里境最胜觉场。时有寺僧五人住锡于此，为里人所敬重。

1949年后，殿宇被拆毁，寺僧离散。现遗迹处为蔓草所覆盖，古迹不存。

水口寺

水口寺，位于长寿区葛兰镇南中村 3 组，始建年代不详。寺院遗址在龙滩河边，临河而建。寺后有褚叫坡，绝壁突起，崖下绿草萋萋，怪石峥嵘；抬头望去，巨崖森然，令人肃然。

据乡民黄龙治讲述，寺院原为四合院布局，木质建筑。由南至北有山门、戏楼、观音殿、释迦佛殿、玉皇楼等建筑，供奉有大小石刻、木雕佛像五十多尊。寺院楼阁雕镂精湛，磅礴轩昂，古朴雅致。山门为四柱三间的石牌楼，明间额匾上镌“水口寺”楷体大字。观音殿两侧山墙上原嵌砌有石碑六通，分别镌刻于清嘉庆、同治年间，毁于“破四旧”时期。释迦佛殿门上方悬有“放大光明”木额匾。整座寺宇库院廊庑，轩厅室庖，环列左右，无不整备。时有僧一人住锡寺内，护持道场，常有四方高僧、骚人羽士云游来访，谈经论道，品茗辩经。

1949 年后，殿宇改为民居，经逐年改扩建，面貌早失，古迹无存。

天台寺

天台寺，位于长寿区葛兰镇天宝村3组，始建于明。古寺在镇东南15里许的天台寨上，坐南向北，依山而建。

天台寨地势奇特，它平地突兀而起，高约二十丈，坪上边缘大部分皆为悬崖峭壁，四周凸凹相间，成为天然屏障。寨顶却地势平坦，周长约3里地，仅有一条独径可上。山寨始建于南宋末年，原为军民抵御蒙古军而建，经历代培补，渐成规模。

相传明时里人袁、修二氏，幼入缁流，长勤梵业，后削发卓锡于斯。建法堂，东西两廊，塑装三圣金像、天龙八部、观音、地藏、玉皇诸圣于殿内，凡瓢、笠、杖、钟、磬，无不毕备。又增置田亩，以衣食沙弥，世保焚献无替。明季末，寺毁于兵燹。清初，有善信发大愿，重修梵刹，自捐金资，构建前后殿阁经楼，左右翼以楹榭，上下饰以丹铅，一切壮丽，功倍往昔，名曰天台寺。

据村民杨亭芳讲述，相传昔日天台寺殿宇宏敞，原有12重殿，宽敞平坦，高大宏敞。各殿之间以回廊相连，相互贯通，即使在雨天绕寺一周，也不会湿鞋。20世纪40年代末，尚存有殿宇四重。进山门为哼哈祠，殿内塑有郑伦、陈奇哼哈二将。山门镌联曰："云从天出，天然厅峰天生就。月照台前，台上胜景台上观。"过哼哈祠为前殿二层楼阁，底楼为天王殿，二楼为戏楼。戏楼有联："举目望中危安，犹观三分时事。昂头知褒贬，如读一部春秋。"戏楼两侧有钟鼓楼，内悬有高径尺的两个铁钟。沿殿后石阶而上可达慈航殿，再进为城隍殿，过而为十二殿。城隍殿门有联云："菇荼良善莫灰心，请观六道轮回，今生作福来生受；漏网奸雄休得志，试看两廊地狱，活时容易死时难。"殿宇后为奈何桥，最南端为大佛殿，殿内奉有释迦佛、老君、孔圣人三圣像。

20世纪50年代，"破四旧"时期，寺中佛像、法器等悉数被毁，此后殿宇荒芜。1995年，经长寿区民宗委批准，天台寺重新恢复开放。1998年9月，经长寿区民宗委批准，释照方为天台寺住持，并募资重修大雄宝殿、接引殿，并从缅甸请有玉佛27座供奉。今日之天台寺，殿宇巍峨，佛像庄严。

万家寺

万家寺，位于长寿区葛兰镇金山村 5 组，始建年代不详。寺院遗址在村西隅福家大湾，今址已为良田所覆盖，难觅古迹。

据村民李利年老人（79 岁）讲述，民国年间，古庙尚存三进殿宇，供释迦佛、观音菩萨、山王、药王等神佛塑像百余尊。1938 年，因寺宇年久受风雨所浸，庙貌颓废。有梁平、垫江两地善士各持簿广募，共获银若干，鸠工庀材，装塑观音一尊，列序罗汉神十八座，为四方皈依。寺宇之露者盖，缺者补，旧者悉从而新。又举寺侧福家大湾粮地一契归庙焚献，岁收谷以作香灯之资。

每岁农历“三月初三”，寺庙要办庙会祭祀山王。各乡善男信女聚集于此，祭祀山王，祈祷风调雨顺，保佑地方清静平安。会期之日，参会的信众要募资献供品，在僧人的引领下，诵经持咒，焚香上裱文，仪式隆重。

1949 年后，殿宇废弛。遗址今只剩下庙前一株古黄葛树，虽历经数百年风霜春秋，仍枝叶茂盛，生机盎然，屹立在寺址处，见证世间沧桑。

殷家寺

殷家寺，位于长寿区葛兰镇兰兴村 6 组，始建于明。古寺遗址在南隅马鞍山之巅，坐南向北，依山而建。

据乡民朱方寿讲述，相传寺地原为里境殷氏先祖宅地。殷氏远祖自明时即由陕西迁来里境，历经三世，艰苦创业，逐渐甲丁兴旺，枝繁叶茂。后世族中长辈想在祖宅旁边修建寺庙，以庶福荫子孙后代。遂请来高人四处查勘，却发现家宅是建寺的绝佳之地，建言此地宜建庙为妥，家宅迁往他处为佳。族中长辈召集族人商议后，将家宅舍出建寺，并招僧住锡，又置买田业，岁收谷以作衣单香灯之费。

民国年间，古寺尚存四合院式石木结构建筑，有关圣殿、观音殿、文殊殿、三圣殿等建筑。每岁六月十九日，办观音会，七日而止，请有邻水境内的戏班提前来此搭台唱戏酬神。四境善信相约来此烧香礼拜，会期每日都有数百人在庙里吃斋念佛。时为尼僧住锡道场，住持僧俗姓胡，徒僧定文、秋芝等五人于寺内清净修持。1949 年后，徒僧秋芝等三人还俗成家，住持僧仍长住寺中，圆寂于 20 世纪 70 年代末。遗址现为林木所覆盖，原建筑格局不存。

中佛寺

中佛寺，位于长寿区葛兰镇天福村1组，始建于清。寺院遗址村东隅廖家咀，坐北向南，依山而建。其址后负崇岗，前临层岩，左带张家湾，右峙金灉山，碧萦出荟，乃邑境之幽郁旷邈处。

相传清雍正时，里境有老姬者苏氏，乃本境名宦之后，自幼脱俗持素，礼名师，受佛教，诵诸经，参禅机，精修行，性嗜高洁，矫然孤峻。年长而不嫁，于家中自设佛堂，呗诵之余，开园圃，莳花卉，布置井井有逸致。尤精于岐黄之术，利济于乡间。享年七十有六。当示寂时，尽出所蓄金资，付嘱乡耆，为代构建招提之所，装塑圣像，以期绵绵慧灯，光耀后世，阜物安民。

民国年间，古庙尚存四合院式石木建筑，上殿三间。明间奉观音圣像，次间祀奉川主、药王像；下殿为二层楼阁，一楼祀关圣，二楼为戏台。1937年，因殿中金像零蚀剥落，有邑绅徐氏率众捐资，鸠工伐石，易旧为新，仍施以金彩妆绘。乡中旧俗，每逢初一、十五便有信众来此烧香敬拜。时有僧尼二人住锡寺内，护持道场。

1949年后，寺宇被改建为乡公所，后为民居。遗址现被蔓草所覆盖，原建筑格局不存。距寺址南侧约70米处，有柱础石三件，形制相同，为寺院旧物。石础为方形，高0.45米，宽0.42米，中间略束腰，四端凿成竹节状，每一面皆浅浮雕铺锦，其上饰以云纹。

周武寺

周武寺，位于长寿区葛兰镇罗岩村 8 组，始建于清。寺院遗址在周武寺山冈之巅，坐西向东，依山而建。其址前拱骑龙堡，北连石子坡，南向何家湾，周遭古树峥嵘，藤条苍翠，乃一邑之胜景。

相传寺辟于清乾隆年间，时有僧自忠郡来，览胜至此，若于此山有宿契之缘，竟留恋不忍舍去。乃建观音殿，凡三楹，构宇肖像，以为僧众皈依之所。清光绪时，有里境善信，发菩提心，自捐囊资，修补装塑前、后殿金像，并其庭阶砌墁，建造山门及碑亭甬道、两廊精舍，焕然可观。登斯境者，万象悠然，具陈于目，莫不志旷神怡。

据村民叶碧韵讲述，民国年间，古庙尚存，其前为天王殿，后为毗卢殿，最后名玉皇阁。其间嘉木美竹，葱茏荫翳，郁然蔚然，诚异景也。1930 年，庙产兴学渐起，设学堂于庙内，村中贫寒子弟皆免费入读。

1949 年后，殿宇就地改建为村小学。20 世纪 80 年代学校搬迁。遗址今已荒芜，古迹无存。

梓潼观

梓橦观，位于长寿区葛兰镇潼观村 8 组，始建年代不详。古寺遗址在村东隅梓潼观坡，坐南向北，依山而建。据村民杨俊河回忆，民国年间，古庙尚存四合院式木质建筑，上殿三间，分祀释迦佛、观音、药王。明间内供有释迦佛装金圣像，龛背奉千手千眼观世音金身立像。殿之两侧，又分塑有川主、无常、药王等诸神祇造像，皆神采飞动，栩栩如生。左次间内悬大铜钟一口，铸有清光绪年号，双首龙钮，呈竹筒形，重千余斤。下殿供木雕梓潼菩萨（文昌帝君），高约数尺。

乡中旧俗，逢每岁农历的二月十九、六月十九、九月十九，要办三个会期，意示观音菩萨二月十九诞辰、六月十九得道、九月十九出家。其中又以农历六月十九规模最甚，前来祈福膜拜的善男信女如织，香火鼎盛。

民国年间，因庙产兴学渐兴，殿宇改作私塾，仍有僧尼三人住锡于寺内。寺有田产十五亩，岁收谷以作香单之资。1949 年后，殿宇改建为小学教室，毁于 1958 年，古迹今已无存。

超佛寺

超佛寺，位于长寿区洪湖镇称沱村 3 组，始建年代不详。寺院遗址在御临河，西隅高峰寨山麓，坐东北向西南，依山而建。

乡中旧传，明万历年间，邑中有善信捐金资建修庙宇。始建大佛殿、天王殿，越岁又修法堂、斋堂、僧房、门楹，罔不焕然一新。继又广募众善，雕木为像，涂以朱彩，朝夕焚献，用福乡邦。

据村民周永褛回忆，民国年间，古寺尚存，为四合院布局，木质建筑。有上下两重殿堂。上殿排列五间房舍，两侧各有配殿三间，正殿高大堂皇，飞檐翘角，雕梁画栋。殿内供释迦佛、老子、孔圣人三圣石像，配殿奉观音、药王、地藏、文昌诸像。上殿与下殿之间有甬路相连，下殿为川主殿，正中祀木身川主菩萨，两侧有财神、土主、华佗、地母等神像相侍。山门开设在下殿的中央开间，门上起二层楼阁，上覆歇山式屋顶，屋檐下的梁枋上满布木雕，四个屋角高高翘起，直冲云天，把一座山门装扮得极富韵味。村中耆老回忆，以前超佛寺庙产颇丰，年有谷租七十余石。时有寺僧三人住锡于此，晨钟暮鼓，祀奉香灯。

20 世纪 50 年代初，寺院被乡民借居，寺僧还俗，庙产田土被分给了村民耕种。“破四旧”时期，佛像、法器等悉数被毁。今址已为蔓草所覆，古迹难觅。

峰顶寺

峰顶寺，亦名望月庵，位于长寿区洪湖镇表耳村，始建于清。据民国《长寿县志》载："峰顶寺，在（永顺）场东南 12 里，古号天竺山。相传清乾隆年间，有钟自江北唐家寺飞来。"

天竺山在邑境西隅，有东西南北中五峰，曰中峰岭、木鱼山、清香岭、五龙岗、弥勒顶，其地叠嶂回环，超拱互峙，状若莲花。而中峰一峰突峙，嘉木荫翳，连珠冈峦，拱揖左右。

相传清乾隆年间，有径尺铜钟自江北唐家寺飞来，凭空降于中峰岭巅，声闻缘觉，震动大地，鞱磕太清。乡之众善，睹其瑞迹，遂广结善缘，陶甓构材，伐木镌崖，大辑材础，于峰巅构广厦，设尊像，储秘典，凡所欲有，一一完具。逾年，殿宇始成，宏敞壮丽，初名望月庵。

据乡民刘德木回忆，昔日梵宫壮丽，佛像庄严，为里境佛刹之冠。寺有弥勒、观音、大雄三殿并宝顶钟楼，又有左右廊房、法堂、罗汉若干楹。大雄殿内装塑金像三尊，佛之傍塑菩萨罗汉二十四座，杂饰金彩。壅壁四周绘以三教及五十三参、二十位诸天神像，柱列童子四位，上悬天花板。两廊增川主、龙神等，前后漫砌以石。殿前又有观音堂，供奉三十六尊观音圣像，殿后有壁，浮雕观音像，此处圣像为采自明月山中数千块小贝壳化石镶嵌而成，又名"观音圣贝壁"。

寺外有七口泉井，乡人谓之"观音圣水"。有至古寺瞻佛的信众，皆饮此水。

1923 年，因殿宇栋梁岁久被蛀坏损，有里境秀才周秉正倡首，募诸檀越，鼎新兰若，铁山绘塑，鸠工庀材，重修殿宇。越岁工竣，金碧髹彤，辉映林谷。众信观瞻，莫不欣喜。又有临近永顺场、三合场士绅商贾相约，每月轮流供奉香油 30 斤，以作观音殿长明灯火之需。

据峰顶寺东约千米，有木鱼山，其中有古寺"木鱼寺"，为峰顶寺角庙。

寺宇旧为四合院式木质建筑，有殿宇二重，以中轴线布局，南北贯穿，布局紧凑，建筑雕梁画栋，飞檐翘楚，楼阁层叠，颇为壮观。自南向北依次分布山门殿、天王殿、药师殿等主要建筑，两侧对称排列着钟楼、鼓楼、川主殿、罗汉堂殿等殿宇，山门前置一对威武的石狮。药师殿是全寺的主体建筑，前出廊，花棂隔扇窗门，檐柱均用合围粗的楠木所制，地面全用青石铺砌。殿内供一尊铁铸药师佛结跏趺坐于莲座之上，额如明月，口若含丹，法相庄严，两侧沿山墙砌神台，塑有十八罗汉像供奉，各尊塑像造型饱满圆润，工艺精微谨严，形态各异却排列整齐。佛台西侧砌台座，置镇寺之宝——重约千斤的铁铸大木鱼，相传为清道光年间，三合场商贾捐资所奉。

距峰顶寺南约里许，有峰曰清香岭，山之南麓有古刹清香寺，相传建于明季，民国年间亦为峰顶寺角庙。相传寺地古即有招提，琳宫梵宇，巍峨可观，洵乎为邑境之名刹。后遭明末兵燹，渐即荒芜，碎瓦颓垣，仅留遗迹。清咸丰年间，有峰顶僧卓锡兹寺，披荆薙草，革故鼎新，殿堂门庑，仍旧以葺治。而乡之众善，不勒囊槖，争舍金钱。几历寒暑，工始告竣，黝垩辉煌，大壮观瞻，寺又为之焕然一新。

民国年间，寺宇尚存四合院布局殿宇一进，木质结构，占地约400平方米。寺内大殿供一尊石雕地藏王菩萨，佛像正襟危坐，形态逼真，造型优美，处处可见用工之精良。时有僧尼三人住锡于此，焚檀燃蜡，侍奉香灯，修持谨严。相传明初“靖难之役”后，建文帝游历巴蜀间，曾隐踪于此月余，临走时曾题联于山门镌刻，曰：“凤出丹山红日远，龙潜沧海白云深。”

距峰顶寺西约千余米，有天竺山脉孤峰突兀的弥勒顶，其上有古寨沙堡寨。相传明末，里境兵匪肆虐，士民被其焚掠者，不可胜数。有首士领左右士民就近筑寨，预贮米石，并制器械，办铅药，修房舍。贼闻有备，亦即引去，灾劫过后，众善咸称皆赖此山为保障，遂建修梵刹，招僧住锡，以佑斯境清平。

民国年间，寺宇尚存，其已为峰顶寺角庙。存四合院式木质建筑，占地约500平方米。有山门、弥勒殿、玉皇楼等建筑，飞檐画栋，雕梁翘角，小巧玲珑。弥勒殿内正中佛台上供有泥塑弥勒佛结跏趺而坐，法相庄严，栩栩如生。沿两侧山墙神台上奉有观音、眼光娘娘、川主、地母、药王等神像，金箔贴身，塑艺精湛。殿门有联云：“大肚能容，容天下难容之事；开口能笑，笑世间可笑之人。”

去峰顶寺北约10余里，有五龙岗，其地去城僻远，林谷幽窈，而修篁罗月，乔木蔽云，清幽罕俪，叹为邑境之胜概。山中有古刹五龙庙，民国年间为峰顶寺角庙。时有殿堂三楹，为单殿式布局，木质建筑。各殿分祀观音、龙王、川主、药王等神佛塑像。自清至民国百余年间，古庙即为邑境祈雨之所。乡中旧俗，偶遇风雨失调，士民于此祈雨祈晴。逢佛诞会期，里境善信，归者如市，远迩礼信，靡然向风。

民国后期，峰顶寺尚有僧人住锡于此。晨钟暮鼓，心心称颂，四时讲演梵秘，上以祝釐邦家，下以弭民灾患。1932 年，寺宇将木鱼寺芦池坝文昌会的田产 20 亩纳入峰顶寺耕种，岁收谷以作每岁上九会灯火之资。

1949 年后，寺宇废弛，殿宇为乡民借居，逐年改扩建，古迹全无。1998 年后，芦池乡辟天竺山为旅游景区，乡中善信遂捐资在寺地重修庙宇，接续古刹香火。

桂林寺

桂林寺，位于长寿区洪湖镇平滩村6组，始建于清光绪三十一年（1905）。寺址在村东隅汪家湾，四周满眼青翠，其境之幽，可以使人静心。

相传清光绪年间，里境有山鼠、蝗虫偶出害稼。有善士王、吕等氏倡首，率众发心，延清高僧施法祛除。于是乡众大悦，捐金置买山林田地，建法堂、僧堂、香积厨，二年而成。复招僧住锡，购经典以备诵持，铸尊像以备祝祷，凡所欲有，一一完具。

民国年间，古寺尚存三进院落。寺院中关帝殿、地藏楼、大佛殿、观音堂及经堂、僧寮等殿舍，高低错落，左右对称，建筑巍然，殿脊罕见，亭阁台榭，殆为奇观。

寺宇前为关帝殿，内塑关圣、无常木像，两侧佛龛内有雷公电母泥塑神像，殿门有联曰："兄玄德，弟翼德，擒庞德，志德千秋，千秋志德；生蒲州，事豫州，守荆州，战徐州，神州万古，万古神州。"

进而为地藏楼，古朴大方，雄伟壮观，飞檐凌空，殿内居中奉有石雕地藏菩萨像。东西配殿上各塑文殊、普贤、观世音菩萨像，个个威严肃穆、栩栩如生，殿门有联："孝可恪天，自应魔王齐俯首；心即是佛，须知罗汉本前身。"

地藏楼前为宽阔的殿前平台，置有高丈许的铁香炉，其中一座香炉腹铸有铭文，乡民吴仁胜尚能忆起其文："佛座原来名凤凰，四大菩萨两边藏。前有峰顶扑望月，后有龙泉涌西江。远观白岩云雾起，近听清云水氤氲。普照回龙钟鼓声，万盏明灯照凤凰。"

上殿为大佛殿，内奉一尊樟木所雕凿的释迦牟尼像，结跏趺于莲台之上，形态清韵潇洒，出尘绝俗，殿门有联："一花一叶尽慈光，看私欲皆除，澄潭秋月；九天九地宏佛道，喜泰和翔洽，普裕春风。"

民国年间，寺宇尚有僧人住锡于此，晨钟暮鼓，祝釐祷民。民国后期，因乡中推广庙产兴学，寺产被提留公用，办学堂于地藏殿，古刹渐趋式微。1949 年后，寺宇改建为桂林村小学，今址尚有些许遗址可寻。

桂林寺遗址今仅上殿基址可见，存台基一处，台基前端用条石垒砌而成，东西宽 23.8 米，南北进深 41.5 米，台基高 2.4 米。台基中部现存有 9 级台阶，宽 0.39 米，两侧垂带石及表面踏跺被破坏。

遗址东约 50 米处，发现有石狮残件二尊，均为青石质。其一残高 0.74 米，宽 0.83 米，可识为石狮后部蹲于基座上，狮、座一体，圆雕。其二为狮首残件，长 1.08 米，宽 0.44 米，高 0.57 米，虽系残件，仍可识其挺颈昂首，咧嘴龇牙，有威武勇猛之概。

望月寺

望月寺，位于长寿区洪湖镇三合村 2 组，始建年代不详。古寺遗址在村东隅寨山冈之巅，坐东向西，依山而建。其址后枕高峰寨，前拱裕头沟梁子，周遭翠竹掩映，青翠满目，景色幽邃。

据村民艾碧英讲述，相传寺宇创始久远，始创无考，历经明清，兴而废，废而兴，代代有僧以承其美。民国年间，殿宇尚存有四合院式土木结构建筑，自北而南有三进院落，占地约 600 平方米。大殿奉释迦牟尼佛，旁列阿难、迦叶，后为玉皇楼供玉皇大帝神像，最西端为关圣殿，祀关圣石像。院内植有樟树数棵，粗可合围，枝叶繁茂，遮天蔽日，景甚幽邃。

山门前有青石打凿的石狮一对，高约三米，相向而望，威武雄壮。进山门为关圣殿，内奉泥塑关圣神像，青石所凿，灵官背身而立。大殿是寺院的主体建筑，殿内地面全为青石铺砌，正中供“华严三圣”泥身塑像，即毗卢遮那佛、文殊和普贤菩萨，通体彩绘。两侧神台有十八罗汉像端身而坐，木胎贴金。寺内有铜钟、铁钟各一口，悬挂于玉皇殿内，钟身铸有清咸丰年号。寺后有古井，每当雷雨满盈之秋，寒泉涌出，其迹甚著。

民国年间，因庙产兴学，寺宇已趋凋落，仅有寺僧一人住锡于此。1949 年后，乡民在基址开荒种田，遗址现为山林所覆，原建筑格局不存。

回龙寺

回龙寺，位于长寿区洪湖镇马头村，始建年代不详。寺院遗址在何家山腰处，坐西向东，依山而建。其址前拱大坡岗，左临玉头沟梁子，右峙黑石沟岭，四周山岭环绕，林木苍翠，幽泉涓涓，诚方外一胜景。

相传明季，有僧自忠州云游而来，见此境风光隽永，山川秀丽兼之民风淳朴，遂在此结庵闭关清修，供奉观音大士，诵念经典，福荫一方。厥后，有里境善信樊氏乃捐资募缘，劝化檀那，共结善果。初建佛殿三楹，越岁又修左右两廊，前列行祠，僧居斋舍，靡不备具。

清光绪二十一年，邑民陈麓林等募资重修，立天王法堂，斋堂廊庑，制度规模。装塑阿弥陀佛等圣像。

民国年间，古刹尚存四合院式木质建筑，有殿堂三重，僧众五人住锡于此。下殿两侧神台上供有木雕的药师如来和川主神像。中殿正中佛台上奉释迦如来塑像，两侧神台上祀有十八罗汉和八大菩萨像，均为泥塑。后殿为寺院最后一层，殿内佛台用石砌，宽阔方正，正中镌有铭文，为捐资建寺的功德芳名，佛台上供奉有三尊石雕阿弥陀佛、孔圣、李老君塑像。

据村民李传芳讲述，20 世纪 80 年代时，寺址尚存石碑三通，镌刻于清乾隆、嘉庆年间。

1949 年后，寺宇废弛。寺址今建有小庙，接续古刹香火。

静林寺

静林寺，位于长寿区洪湖镇称沱村 4 组，始建年代不详。寺院遗址在大坡岗山麓，坐北向南，依山而建。

相传寺宇创修于明朝，有廪生陈淑訾，厌薄纷华，看破俗尘，自入佛门，立志修行，提倡募化，捐家业建家庙一座，名静林寺。并将自置田业 40 石，舍入庙内焚献，作为衣单香火之费。

民国年间，尚存四合院布局，木质结构建筑，坐北向南。整座建筑由门楼、两廊、前殿、后殿和东西两厢组成。布局严谨，风格凝秀，形式古朴。前殿供佛、观音、罗汉诸像。左右各有一间厢房，为护寺僧人居室和堆放香烛及用膳之处。前后殿之间有一块方形天井。天井中竖一碑，不知何年所镌刻，字迹斑斑驳驳，少有人能识。后殿面积大致与前殿相等，却是两层建筑物，一楼一底，底楼奉满陈氏历代祖先牌位。

1922 年，住持僧慈舟率其门徒募捐，协心共济，培修梵宇。石取于山，木市于林，陶瓦以为覆具，而柱石架木。首建正殿三楹。内像大佛三，次法堂楹廊，肖观音、善财、龙女像于其中，无不壮丽威严。山门则制如牌坊，前置石狮一对，仍题其额为静林。

旧有习俗，所有香客乃至护寺人等，进殿礼拜须脱鞋脱袜，以示虔诚。1949 年后，殿宇改为村保管室。遗址现已辟为田地，古迹无存。

雷音寺

雷音寺，亦名大庙，位于长寿区洪湖镇马头村8组，始建年代不详。寺址在村西隅大屋咀，前临御临河，坐东南向西北。四周山岩俊秀，清泉流注，为典型的乡间古刹。

古寺原为邑境陈氏祠堂，昔为单殿式木质建筑，有正殿三间，占地约300平方米。建庙之初，砌有石塔，位于正殿明间内，殿宇屋顶高至石塔三层铺瓦，仅露出塔身第四层及塔刹。

清道光年间，陈氏族人于浙东普陀山请观音玉像于祠堂内供奉。传说四境善信寻踪蹑迹，云集川赴，于此礼拜。岁久，渐成今之道场，庶人无不知者。

民国年间，寺宇尚存四合院式木质建筑，上殿内奉释迦像一尊，左右肖四大天王像，绘二十四诸天佛像于壁殿之外。东西为两廊，各三间，廊之中，各肖观音、药王、文昌诸圣；殿之前，为山门殿三间，韦陀像塑于中，雷神像立其后。寺周以墙垣相围，沿墙树柏五十株、杉三十株，岚翠交横，备极清绝。寺宇鼎盛时期，僧俗共谐，圆觉诸天，罗汉监斋，神容完备。

1918年后，因受庙产兴学之波及，寺产被提留公用，又设私塾于寺内，古刹渐趋式微。时有僧众二人常住寺内，晨钟暮鼓，焚檀燃蜡，护持道场。

1949年后，殿宇为学校使用，后为乡民借居，经逐年改建，古刹旧貌已失，今址无存。

龙泉寺

龙泉寺，亦名鸿恩寺，位于长寿区洪湖镇称沱村 1 组，始建于清。寺院遗址在马颈岩山腰处，坐西南向东北，依山而建。其址前拱山门沟堡，后倚朱家梁子，左有涂家沟岭之翼，右有麻木岭之卫。四界木石疏丽，峦飞水洑，变态万状。每至天宇澄霁，登高一览，胸次豁然。

相传清时，有僧卓锡此间，供奉地藏菩萨，诵念经典，福荫一方。厥后，高僧数满圆寂，是岩复归荒芜。迨至清道光年间，有里境善信曹氏，率众发心，起而更新之。又施田若干亩，缁流云集，招提大振。咸丰年间，曹氏式微，庙田亦为俗人霸踞，因至僧众神祀无着，香火寂寥，见者咸为叹息。咸丰十一年，有僧自忠郡游历于此，慨圣迹之将湮，乃挂钵寺中，毅然肩修坠之责。遂广募众缘，僧众鸠工伐木石，构柏为阁，甃石为台，重修天王佛殿，修砌寺门石桥。又增置田亩，以衣食沙弥，世保焚献无忧。 自是以后，寺之兴盛，殆非昔比。

民国年间，有僧众三人住锡于此，晨钟暮鼓，侍奉香灯，朝夕礼诵。1931 年，有里境善士杜氏，发心捐资培修寺宇，并铸铜像圣容三尊，十方善信亦解囊相助，捐募工料。建筑仿明清建筑风格，以四合院布局建造，经修葺后，龙泉寺焕然一新，雄伟壮观，古朴高雅。自北而南，有山门、戏楼、钟鼓楼、大佛殿、玉皇阁和藏经楼等建筑。寺宇楼阁鳞次栉比，殿宇望衡，晨钟暮鼓之声，响彻山林。

1949 年后，寺宇废弛。遗址今已为山林所覆，古迹无存。

普照寺

普照寺，位于长寿区洪湖镇普子村3组，始建年代不详。寺址在村西隅星斗山之巅，坐北向南，依山而建。

昔日古寺门楣蓊郁，檐牙高啄，殿宇巍峨，为邑境最为知名的梵刹。民国年间，尚存殿宇四进，布局合理，做工精巧，翘角飞檐，古朴大方，远在永顺场即可远眺普照寺建筑群，雄伟壮丽，气势不凡。

古寺之主体建筑有山门殿、观音殿、大佛殿、三圣殿、藏经阁（供奉普贤菩萨），两侧有十二殿（供奉无常二像及十二狱卒）、城隍殿，并配以斋堂、客堂、僧寮等建筑。整个建筑为土木结合，木建筑为主体，布局紧凑，雅致精美，匠心独运。山门前，点缀片片紫竹，连片成林，寺后林木葱茏，花木繁茂，确为一风水宝地。

整座寺宇以中轴线南北贯穿，从山门到后部殿堂，节节登高，步步向山，布局层次分明，殿阁错落有致，规模宏大。

前为山门殿，前檐墙两侧各置钟鼓，正中供有关圣帝君神像，周仓、关平侍立两侧，关圣像背面塑有药王菩萨面北而坐；进而为观音殿，内奉有木雕大士圣像，结跏而坐，法相庄严，栩栩如生。塑像两侧置龛，内塑有孙悟空、红孩儿泥塑像。沿两侧山墙神台上奉有十八罗汉、眼光娘娘、川主、地母等神像，金箔贴身，塑艺精湛。观音菩萨的背面，塑有金甲神韦陀菩萨相背而立。

大佛殿为寺宇的主体建筑，殿堂里正中佛台上供有三尊石雕佛像，均为整块青石雕凿，高约3米。中间为释迦佛，头部高起肉髻，两耳垂肩，面相饱满，浅刻五官，着双领下垂式袈裟，手结禅定印，结跏趺坐于佛台之上。两侧有阿难、迦叶尊者侍立，身高低于主尊。三尊造像雕凿精细，形象丰满，气质端严，佛身均用金箔贴体，金光灿灿，观之即令人生起虔诚皈依之心。

三圣殿在寺宇最北端，高约丈许，四根圆形木柱撑着二层阁楼，每根柱子都是整根马桑树所制，需两人合围。殿内流光溢彩，金碧辉煌，正中神台上端坐着香樟木雕孔圣、老子、如来佛三圣石雕塑像，金箔装饰，后有雕花背光。两侧山墙上绘有八仙过海、十八罗汉等工笔重彩壁画，画绘精妙，人物如生。

据村民吴仁芳回忆，昔日寺宇庙产颇丰，年收谷租 100 多担，另有香火田三块，乃信众捐施，岁收谷用于观音会灯火之资。

寺内香火不断，逢佛诞会期，前来敬香瞻拜、登高赏景者，相接于途，历年如是，从未中断。凡逢会期，做会（信众定期朝贺神佛的典礼）的信众络绎不绝，远至垫江、忠县、邻水亦有信众寻来朝拜。每年的主要会期有：正月初九的玉帝会，二月十九的观音会（诞辰），三月初三的山王会，四月初八的黑神会，六月十九的观音会（得道），六月二十四的川主会，九月十九的观音会（出家），十月十八的地母会等。

1946 年，里境有善信陈氏捐资重修城隍殿，铸千斤铁钟，并重建山门、钟鼓二楼，墙垣阶砌，肃壅备至。

1949 年后，殿宇为乡民借居，后被辟田地，旧貌难觅。今址发现有佛像残件九尊，皆为青石质，塑工精到，形质俱妙。择其一二，分述如下：编号 D1：1、D1：2、D1：3。

D1：1，为山王造像，神像头部及双臂已残缺，残高 1.24 米，残宽 0.46 米。可识为外着长袍，右腿上抬，足蹬于猛兽之上，长袍向腿部撩起，露出腿甲。足下猛兽残缺，仅识轮廓。

D1：2，神像为圆雕，青石质，头部残缺，残高 0.66 米。上身着圆领右衽广袖长袍，呈坐姿于方形台座之上，下着裙装，露出鞋尖，腰系宽带。双臂与体侧下垂，左手指伸直，手掌朝下，扶于左膝上，右手于腹前执于带，双腕处向外翻出长袖搭于膝外侧。

D1：3，神像残缺，仅余腿部，表面布满苔藓，残高 0.47 米，宽 0.31 米，砂岩质。仅可识长袍覆足，立于方形台座之上。

五龙庙

五龙庙，位于长寿区洪湖镇三合村 2 组，始建于清。古庙遗址在村东隅塘家坡山麓，坐东向西，依山而建。

相传清同治年间，里境大旱，有信士黄、樊、钟三人倡首，募化众善，建修庙宇，仰答神庥，焚献颂祷。当年正殿落成，次年又修下殿。复装塑龙神、川主、伽蓝祖师像，又招僧住锡，置有田产，岁收谷以供香灯之费。

俗语谓："山不在高，有仙则名；水不在深，有龙则灵"，自清同治至民国年间，古庙即为邑境祈雨之所。其为人所企慕所敬信如此者，非有他也，以其址秀于别境，且奉龙神坐镇一方。

据村民樊彦堂讲述，民国年间，古庙尚存三合院式木质建筑。正殿供青、黄、赤、白、黑五方龙王石像，殿门有联曰"凤出丹山红日远，龙潜沧海白云深"，相传为建文帝所书；配殿奉观音、药王、川主、眼光菩萨等塑像三十余尊。时有僧众一人住锡于此，朝夕焚献。其为老龙洞天元和尚之徒，擅医药，常于寺周山岭采制草药，自配膏丸，救人无数，深受乡民敬重。

乡中旧俗，每至天旱，三合、永顺、万顺乡民皆云集于此，扎彩轿，抬着川主菩萨木身塑像到老龙洞求雨，队伍以僧众为前导，仪仗队随后，一路上敲锣打鼓，浩浩荡荡。

1949 年后，庙宇初改建为五龙小学，后为乡人所毁，今址无存。

袁家寺

袁家寺，位于长寿区洪湖镇李庄村 3 组，始建年代不详。寺院遗址在村南隅长岭岗之麓，其地面向流水岩，西界王家岩，东临董家沟。寺前之近处，丘陵相望，若蹲犀踞其左，回龙盘其右；寺之远岗，若拱若伏，若趋若迫，曲折回转，抹绿挼蓝。寺侧有沃壤膏田数亩，秋稻夏麦，黄云覆陇，金粒垂田者，即昔日僧食之所出。

据村民樊会田讲述，相传寺院开山祖师俗姓袁，本为里境名家之子。自幼脱俗持素，好静僻，诵诸经，参禅机。咸丰年间，有忠州僧云游至此，袁氏矢心以迎，相谈投机，遂弃尘削发为僧。乃捐己资结庵宇，以励精修，易地数亩，以资常住。如此者十数年，朝夕焚献，用福乡邦。由是道价日高，人缘日广，乡人咸以袁家寺而名。

民国年间，尚存四合院式木质建筑，由南而北依次有山门殿、天王殿、大雄宝殿、川主殿等殿堂。寺周古木参天，浓荫蔽日，古刹就掩映在这深荫翳日的密林之中。

大雄宝殿内奉释迦像一尊，左右肖四大天王像，绘二十四诸天佛像于壁殿之外。东西为两廊，各三间，廊之中，各肖观音、药王、文昌诸圣；殿之前，为山门殿三间，韦陀像塑于中，雷神像立其后。寺宇鼎盛时期，僧俗共谐，圆觉诸天，罗汉监斋，神容完备，金碧辉煌。

民国后期，因受庙产兴学之波及，寺产被提留公用，又设私塾于寺内，古刹渐趋式微。时有僧三人常住寺内，晨钟暮鼓，焚檀燃蜡，护持道场。

1949 年后，殿宇为学校使用，后为乡民借居。经逐年改建，古刹旧貌已失。

【江南街道】

五堡山古寺

五堡山古寺，位于长寿区江南街道五堡山村 4 组，始建年代不详。五堡山在长寿、涪陵、巴南交界处，因其由五座山峰组成而得名。最高峰在雷打岭，海拔 864 米，山顶上有界石一块，标明此地乃长寿、涪陵、巴南交界处，素有“一脚踏三县，放眼观万里，耳闻波涛声”之誉称。

相传五堡山旧有古刹，创始久远，历经宋元，香火繁盛。后世兵燹，道场凋落，半落荒烟。明时，有乡人猎于寺废址，见有野猪逸入垄中，发垄得石像甚巨，于是即其旧址为寺，以像置中。初有大佛与观音二殿，基构规模，依山附险。

有东林寺高僧游历至此，观地之所占，林茂峦秀，周覆密郁，古藤盘绕，真若图画，以为绝景佳处，遂住锡于此，持戒修持。高僧知寺地乃古佛道场，乃沥诚化众，庀材鸠工，改造殿宇，重阖外敞，翼以修廊，缭以周垣。又塑释迦佛及六祖、观音、罗汉、金刚。

清道光年间，因殿宇岁久梁栋朽坏不支，住持僧本悟乃发诚心，广募众善，葺而理之，易朽以坚，代故以新。凡佛像钟鼓，以逮门径厨垣花木竹石，无一非其心首所经营。几历秋霜，而寺宇为之焕然一新，庄严妙好，大众称叹。清长寿文人周永祺曾游斯境，题诗一首：“山势南来接大荒，五峰攒秀气葱苍。两川襟带蚕丛胜，千里蜿蜒鸟道长。麦饭方知三寺苦，松风时作一天凉。我来不是拈香客，为爱名山到上方。”

据乡民朱德淑回忆，民国年间，五堡山古寺尚存，长寿境域为大雄殿，为三合院式木质建筑，正殿三间，分祀释迦佛、观音、文殊。山右为四合院布局之纯阳观，奉太上老君、纯阳真人吕洞宾。沿纯阳观侧三十三级石阶而上，进南天门，便到玉皇殿，供玉皇大帝、药王、灵官诸神。南天门岩壁上镌有联，曰：“此地有崇山峻岭，茂林修竹；其间重忠臣孝子，节妇义夫。”

乡中旧俗，每岁正月初九上五堡山拜佛，名为“上九会”。方圆百里内皆有游人香客、善男信女，前来朝山拜佛，观光览胜。寺僧在山门前搭建有茶棚，施茶施粥，普结善缘。

1949 年后，寺宇渐废，今址尚有遗迹可寻。

龙泉寺

龙泉寺，亦名鸿恩寺，位于长寿区江南街道龙桥村5组，始建年代不详。古寺遗址在村西隅灯杆堡之巅，坐南向北，依山而建。其地前拱下庙堡，东连烟灯堡，西抵寨地堡。

据村民袁瘦安回忆，寺院原名鸿恩寺，旧址在黄榜岗山腰处。相传清道光年殿宇为匪扰，被放火焚烧。后有东林寺高僧行脚至此，发心重建，披荆斩棘、扩宏法教、开山辟麓而鼎建。旧有殿宇二进，占地约一千平方米。自北向南建有山门、天王殿、大佛殿，两翼有送子殿、牛王殿、僧寮等殿堂相卫。寺中供有神佛塑像五十余尊，皆为樟木所制。寺院内植有樟树数棵，粗可合围，枝叶繁茂，遮天蔽日。山门前有青石打凿的石狮一对，高约三米，相向而望，威武雄壮。寺内有铜钟、铁钟各一口，悬挂于川主殿内，钟身铸有清道光年号。

民国年间尚有僧通元等师徒二人住锡于此，常施诊赠药，利济于乡间，颇得里人敬重。每岁农历六月初三办庙会三日，四境乡民扶老携幼，呼朋唤友来此烧香，为乡中旧俗，历年如是，从未间断。

1949年后，殿宇废弛，寺僧返乡。今址尚有遗迹可寻。

龙泉寺遗址坐南朝北，海拔365.7米，东经107°1'51"，北纬29°46'3"。遗址平面呈长方形，南北长约43米，东西宽约31米，占地约903平方米。寺院基址的特点是依山势先用条石垒砌成平台，然后在平台上建造房屋，是一处南北长的矩形寺院，主要建筑都建在中轴线上。由山门遗址、天王殿遗址及大殿遗址组成。

1. 山门遗址

位于遗址的西北方，由于破坏严重，仅残存痕迹。山门北侧有一座夹杆石及其西侧的一片道路地面。夹杆石西侧残存有通往前殿的道路地面，残长

3.7 米，宽 2.8 米。地面上铺有石板，石板间的空隙填砖块。

2. 天王殿遗址

位于山门遗址南侧，平面呈长方形，坐南朝北。南北 7 米，东西 15 米。台基高 1.8 米，前端有 10 级台阶，长 2.0 米。由于破坏严重，仅发现有东侧散水一段，散水的北面用边长 0.31 米的方砖铺砌额，外侧用青砖匝边。

3. 大佛殿遗址

位于遗址的最南侧，平面呈长方形，坐南朝北。现存殿堂一座，虽经现代改造，但梁架尚存，为抬梁穿斗式结构，悬山顶，进深 12 米，面阔三间 22.2 米。上殿台基高 2.6 米，中部有九级台基与天王殿遗址相连，台基长 2.6 米。大殿内原有碑碣两通，为《东岳会》《川主会》碑，被乡民卖到涪陵某庙宇供奉。

千佛寺

千佛寺，位于长寿区江南街道龙桥村 6 组，始建于清。寺院遗址在牛王堡之巅，坐南向北，依山而建。其址前拱木鱼堡，东连塔堡，西接庙后坡。四界草木茂荣，呈翠于四畔。

相传清初时，牛王堡上原有里境善信孙氏开办的蚕茧作坊，后有僧游憩于此，观四面翠竹苍松，林木荫庇，遂建言孙氏牛王堡亦建招提构堂殿。孙氏乃舍地建寺，以福荫子孙后世。初建前殿三楹，左右列钟鼓楼二间，继则辉煌后殿，绘墁殿堂，庄严金像，寺式至是始兴，凡常住所用物无一不备。由是晨钟暮鼓，声闻四野，居者神旷，过者目眩，邑间名刹，远迩播越，雄峙一方。

清光绪年间，因殿宇久为风霜雨露所坠，四壁颓败，圣像蒙尘。住持僧如有乃广募众缘，重修梵宇。于是召集匠师，鸠工庀材，构柏为阁，甃石为台，前有墀周，匝有翼檐，规度颇裕。又增置田亩，以衣食沙弥，世保焚献无忧。至是，庙貌斋皇，轩楹整肃，焕然大备，为一方之具瞻。

民国年间，寺宇尚存，有僧众三人住锡于此。为四合院布局，木质结构，中轴线东西贯通，北低南高，依次有山门、天王殿、大雄宝殿、藏经楼、玉皇殿等建筑。两侧配殿有观音殿、川主堂、祖师殿、文昌殿、斋堂、客堂、云水堂等，殿内供奉着释迦牟尼、文殊菩萨、普贤菩萨、观音菩萨、川主菩萨等一百多尊石雕佛、菩萨圣像。

1949 年后，殿宇改建为学校使用，后为民居。经逐年改扩建后，早失旧貌，仅上殿梁架尚存，脊檩上有“光绪五年”墨书题记可识。

遗址发现有石刻造像，根据雕刻工艺判断，均为清代遗物。编号 D1：1、D1：2、D1：3、D1：4。

D1：1，残高 0.78 米，头部缺损，上身着挂式身甲，胸前有圆形装饰，下身着裙，腰间系宽带，裙外现下甲。

D1：2，残高 0.65 米，头部缺损，着广袖长袍，呈站姿于方形台座之上，袍长覆足，仅露出些鞋尖，双手于胸前合拢，似持一物，已缺损。此尊石像身背有铭文可识为“住持如有修”。

D1：3，残高 0.62 米，仅存佛像腿部，呈结跏趺坐姿于台座之上。

D1：4，石柱础通高 0.31 米，直径 0.25 米，为两层重叠，下层为方形，上层为圆形。

大悲寺

大悲寺，位于长寿区江南街道天星村 7 组，始建年代不详。寺院遗址在殷家山之巅，坐西南向东北，依山而建，其址重冈巉岩，群木森郁，蜿蜒起伏，烟云蔽遮，登高一览，胸次豁然，真可谓清净道场之境。

相传明时，有沙门行脚至此，爱其山水之胜，遂卓锡焉，创建丛林。首建法堂，以为会净徒、畅真诠之所，次年募建大雄宝殿及僧堂，又觅匠装塑大佛三尊，祖师、龙神、天王，珠金绘彩，悉皆完美。庄严富丽，镂绘玲珑，仿佛于兜率矣。

明季末，寺毁于兵燹，旧址犹存。清嘉庆年间，有僧瀛舟飞锡来山，适见庙宇倾颓，遗基故址，莽然荆棘。乃罄衣钵，募善缘，慨然立志复兴。由是乡耆士绅、巨商大贾，均乐捐资。鸠工募匠，陶瓦抡材，因其旧址，以次重创。初镌镂弥勒、法堂、方丈、两庑、斋堂、僧堂；循而至于正殿，镌镂弥陀、观音、势至三身。寺后建本师石塔三座，住持众僧石塔五座。于是庙貌辉煌，梵刹再兴，宗风愈振。

据村民万书全回忆，民国年间尚有殿宇二进，奉释迦佛，有寺僧二人住锡于此。寺有庙地颇丰，每年收租谷百多担。

1949 年后，寺宇废弛，殿宇为乡民借居，上殿为任义全等三户所居，下殿为张天成等四户所住。遗址现为荆榛匝地，原建筑格局不存。

【邻封镇】

白涯寺

白涯寺，位于长寿区邻封镇汪塔村 5 组，始建年代不详。寺院遗址在胡家寨之麓，面向双龙王家寺山，坐南向北，依山而建。四周普岩重叠，耸翠回环，景色幽邃。古寺地处这风光绚丽的山野之中，历为村民祈福禳灾的场所，殿宇虽已不存，遗址仍发现有少量碎瓦断础，雕镂争奇，虽经风雨剥蚀，仍可窥昔日神采。

据村民刘炳林讲述，百多年前的白涯寺，金碧辉煌，丹垩掩映。山门外东西两侧栽有银杏树数棵，枝叶繁茂，冲入云天。一到深秋，满树金黄，果籽累累，令人赞叹。殿前植有桂树两棵，葱葱郁郁，绿荫盖地，每至深秋，繁花满枝，清香四溢。寺庙原有山门、观音殿、川主殿等建筑，供有大小石雕塑像五十余尊，神态各异，栩栩如生。山门外建有石雕神龛一座，奉土地公、土地婆塑像。庙后原有清泉，水质甘饴，四时不竭，细流有声。寺庙四季香火缭绕，游人络绎不绝。

民国年间，寺宇屡受匪盗滋扰，渐趋式微，仅剩殿宇十余间，寺僧一人住庙护持道场。1949 年后，殿宇为乡民借居，后因年久倾圮，古迹早已不存。发现有残碑四截，皆砂岩质，碑身有部分文字可识如下。

碑一，残高 0.64 米，残宽 0.51 米，可识文字如下：

……汪仲详、黄文杰、易良玉、易相文、高国贤、江九川……大清光绪十六年岁次庚寅仲吕月下浣住持僧融芳吉旦。

碑二，残高 0.58 米，残宽 0.53 米，可识文字如下：

……熊文彬、罗廷献、熊廷高、高国华、魏泽高、高永振、高永贵……

碑三，残高 0.46 米，残宽 0.51 米，可识文字如下：

……地收租，永作药王胜会祭仪……轮流□息□有余□□……光绪十一年并□东岳胜会则□□□二圣其□□与□人也。□□之诚矣。谨将姓名列后是序……药王胜会□□月二十□日□□。

碑四，残高 0.48 米，残宽 0.42 米，可识文字如下：

盖闻能□□大灾则祀之能□□□人生有□性命□□□非大灾□乎□当年不□……

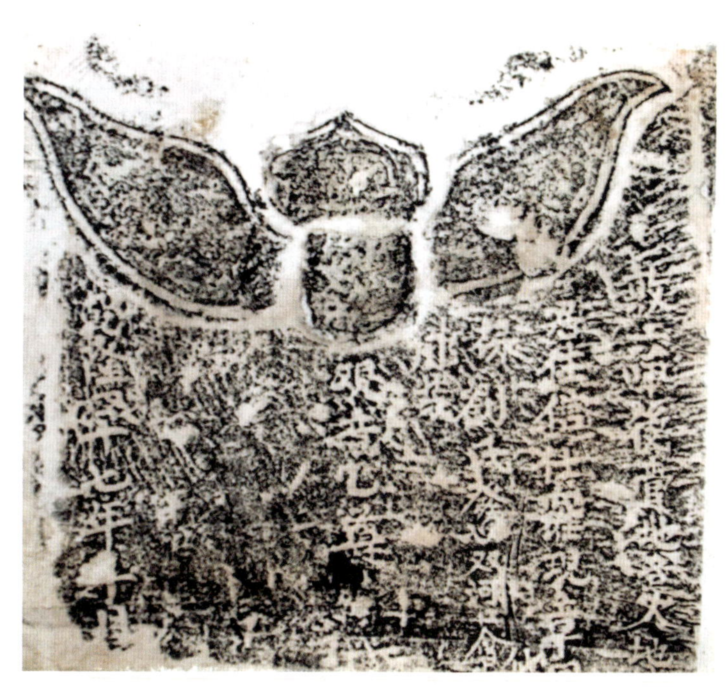

白云寺

白云寺，位于长寿区邻封镇邻封村 6 组，始建年代不详。寺院遗址在岭岗堡之麓，前拱马鞍山，右界白涯寨，左临洙高梁子，坐东北向西南，依山而建。

相传清时，有比丘僧炼性于此，初建观音殿，凡三楹。清嘉庆年间，因殿宇倾颓，佛像朽坏，有本乡善士，募缘四方，鸠工庀材，断砺甃石，设天王殿、川主殿、禅堂，装塑天王、伽蓝、川主诸像。不过数月间，轮奂并美，巍然焕然，往来观者靡不惊叹。

民国年间，尚存四合院式石木结构建筑。有正殿、两厢等其他屋舍 30 余间。奉祀观音、玉皇、川主等塑像 20 余尊。时有寺僧一人住锡，每年受东林寺谷子三石五斗，以助香火。

1949 年后，殿宇废弛，遗址现已荒芜。发现有石碑一通，砂岩质，高 0.86 米，宽 0.51 米，厚 0.10 米，碑身阴刻楷书，可识文字如下：

永垂千古

从来世人所急最是饥寒，诸佛所瞻全在金彩……古刹昔□数百余年。近因殿宇倾颓，佛像□坏，是以立愿重修。奈一木难□，爰募众善，乐助多金，共襄厥成。□此工程□□□□众□勒石刊名永垂不朽云尔是序……

嘉庆二十一年仲春上浣日吉旦。

（功德芳名及钱数略）

建坪寺

建坪寺，位于长寿区邻封镇焦家村1组，始建年代不详。寺院遗址在村西隅杨家湾。旧为四合院式木质建筑，占地约600平方米。据村民黄云梦回忆，古寺旧有殿堂二进，由东向西为川主殿、观音殿，两翼有客堂、僧寮、庖库相卫。殿内置有梵王法相，环侍以罗汉、祖师、龙神诸神，彩绘鲜丽，金碧辉煌。

寺有田产，年收谷租40多担，另备灯火田一契，每年的谷租用于观音会灯火之资。时有寺僧一人住锡，朝夕焚檀燃蜡，侍奉香灯，上为国家祝釐，下为庶民祈福。每岁农历二月十九日、六月十九日、九月十九日，相传是观音出生、得道、出家的日期，此日四境的信众云集建坪寺内，形成传统庙会，此俗历久而不衰。

1949年后，寺宇废弛，寺僧还俗。殿宇为村民借居，殿舍逐年被拆毁，现已失旧貌。现存碑碣两通，嵌砌于民居后檐墙上。

碑一为青石质，高1.14米，宽0.54米，碑身文字漫漶不识，仅可识其碑首镌“永垂不朽”，碑身下段可识有“……道德、道应、宽福、能元、宽裕……”数字。

碑二为青石质，高1.13米，宽0.56米，碑身阴刻楷书，可识文字如下：

文昌会碑

蜀有文昌先天之孔子也，自天子以至于庶人莫不当崇。□□此庙先年像□祀□焚献俱无。于咸丰七年有席上珍、江惠远、江正昱三人商议，邀众同兴文昌盛会，庆祝圣诞始，共四十五人各捐公本钱一千文，三人协同经理，营息以图□□以远。每年以谷一石请僧焚献，历年亦有上公本者。光绪十四年上珍身故，上珍之子仕荣同惠远子应阳、正昱继续承□□十七年清算。□□至此□□除祭典焚献，外用诸项共用费钱六百余串，详录总簿。余有七百余串，得买龙映璧田土房屋全分红契勒于碑左。

立出□□扫卖田土房屋山林竹木基埴园圃，文约人龙映璧情因负债深重举手无措，愿将先父遗留分受陶家岩正屋右边九柱两列一间，接连厦子一铺七柱横屋一向，五间草屋两间板仓一揜稻具磏场三股，□□官宅后屋基依九柱排列。抵后坎田右横过，对□□直上垣边垣外右边横过，接堰田□一形抵映塀堰田角界。由人行大路斜上天平丘抵岚丫田角曲转，由人行大路直下抵垣边墙角曲转，由右边龙廷辉岚丫田面坎斜过，一直由人行大路黄泥堡直下抵江德贵界墙，直抵岩畚，由岩畚曲转直过，抵映塀田角水沟曲转，由窄欠田第三形面坎横过，抵大田角人行路直上，抵屋角越至小塘秧田一连三形，又越至团山堡田□□□□。又越至岩脚右边土一股，东抵映垣土界，西抵岩口人行路直下为界，南齐岩根，北抵映垣土为界。其有山林、竹木、基址园圃、田边土垠门枤壁悉行在内，并无□□。□□留外有稻具磏场三股，居官载条粮一钱在龙化成户内拨出，四至边界踩踏□□，并无摘留如有□□，查出仍归买主管业，凭中出卖兴具隆□文昌会名下。□□住坐耕输管业，是日三家议明时市价值四□铜钱捌百贰拾串正，外押移家一切花销，共议钱贰拾串正。其钱恁中证如数交清映璧照数亲收领足，并无少欠分文亦无货物准折。自卖之后恁随文昌会耕输管业，卖主不得别生异言，凡□已在未在人等，亦不另言支说，空口无凭，特立永杜扫卖田土房屋文约一纸付与买主永远管业为据。

凭中证席汉清龙绝武龙映垣席上定同。

江春芳龙廷辉江炳然龙耀廷笔。

经理总首席占魁江惠远江正昱在。

光绪十七年九月二十九日立出□□扫卖田土房屋山林竹木基址园圃文约人龙映璧实。

白 庙

白庙，位于长寿区邻封镇汪塔村1组，始建年代不详。古寺遗址在白岩寨岗之巅，坐北向南，依山而建。相传古寺建于明时，里境有信士远赴峨眉朝圣许愿，归来后倾尽所有以为费，又广募巨金，始建佛王、文殊、地藏诸殿，再翼以两庑，后环以列屋，门寝斋厨、庾库湢间之属，秩然以次就绪。中奉释迦、普贤、文殊法相，与夫佛家所有罗汉、祖师、龙神等像，金碧辉煌，丹垩掩映。内之钟、鱼、铃、磬，外焉垣墙门径，极臻宏丽。

迨至清同治十年，殿宇久为风霜雨露所坠，四壁颓败，圣像蒙尘。时有里境善士，倡首整修殿宇。一宣布间，众皆响应，纷纷解囊捐金，或劝募工料。修下殿五大楹，丹铅采垩；刻如来三大像，宝玉庄严。两旁阿难、迦叶，并四菩萨接引。二柱金龙，童子龙牌，三官龙烛，花瓶、水碗、磬鼓。复舍但家湾田庄一所，以衣食沙弥，世保焚献无忧。至是，庙貌裔皇，轩楹整肃，焕然大备，为一方之具瞻。

民国年间，古寺尚存四合院式木质建筑，坐东向西，占地约600平方米。有前后殿、法堂、僧寮等建筑，主祀观音大士。前殿供石质弥勒佛、泥塑四大天王和韦陀菩萨。后殿三间，明间内佛台上奉一尊结跏趺坐于莲花座上的观音菩萨石雕塑像，法相慈祥庄严，高约3米。两侧山墙下亦砌有神台，奉有观音菩萨的32种为了救世度人的化身像。左侧次间祀有牛王、梅山、灵官、王母、黑神等神祇。1938年，因受庙产兴学的影响，寺产被提留公用，寺僧远去。

1949年后，殿宇为乡民借居至今，仅存上殿部分梁架可见，脊檩上依稀可辨有“同治十年辛卯月”题记可识。

东林寺

东林寺，位于长寿区邻封镇邻封村东林寨内，坐北向南，依山而建。古寺建于南宋孝宗淳熙年间（1174–1189）。宋之后，寺宇虽经历多次培修，然屡遭兵燹，殿宇俱毁，隐于荆榛历数百余年。明初，有一僧人由楚行脚至蜀地，偶游寺地，慨见殿廊倾废，偶像荒颓，乃发心重建。遂鸠工庀材，建立殿宇、莲座、绘祀罗汉、诸天神。月台用石布砌，随建方丈集云水僧，来依者日多。缁袍日众，焚献精虔，上可为国祝釐，下以导民向善，遂为一方名刹。清代长寿文人，西充代理知事钟文鼎有诗赞其事，文曰：

（一）

开山鼻祖比南能，远绍禅宗续慧灯。
遗迹自留千古在，渔樵话里说高僧。

（二）

青云徐步上天梯，白马坟头认旧题。
一样驮金劳心血，东林却忆洛阳西。

因东林寺香烟氤氲，历来是文人墨客观景吟诵的胜地，为文人向往之处，常有士人来该寺谈禅吟咏。清长寿恩贡任应沅曾游东林寺，留有题写《东林寺》诗：

灵迹问仙乡。岧峣称上方。云封神马墓，月淡宝珠光。佛有萧梁意，人闻贝叶香。山僧知姓字，不敢笑诗狂。

清长寿文人郑朝俊游东林寺后，亦题有《游东林寺》传世，曰：

大江东去小溪斜，古柏苍苍集暮鸦。
洗钵僧归云寺外，唤船人立渡头沙。

庙外清溪溪外月，四周苍翠一轮天。
人家错落依山麓，梵宇参差出树巅。

清咸丰三年，因年久物朽，历年又乏补葺，殿宇几有风雨不蔽之虞。住持僧乃广募众缘，四境善士乐为之助，乃葺大殿，饰两庑，新修关圣殿以配之，越岁而工竣，由是殿宇聿新，神妥人欢，古寺焕然重光。复增置常住田地六亩，岁入谷百斛，为僧朝夕膳。今之上殿脊檩上仍有题记可识“咸丰三年（1853）八月朔八日重建”字迹。

清末至民国年间，寺宇渐至凋落，尚有僧众住锡于此，晨钟暮鼓，侍奉香灯。 寺宇之前殿和大殿呈长方形，排列在一条中轴线上，两翼为厢房，中有天井，呈二进四合院木质建筑，占地面积约450平方米。自南向北依次为山门殿、天王殿、大雄宝殿、关圣殿等殿舍，两侧以无常殿、观音殿、药王殿、斋堂、僧舍、灶室等相配。大雄宝殿内四根圆形木柱撑着二层阁楼，每根柱子皆是粗可合围的楠木所制。殿内正中神台上供奉着跏趺而坐的石雕西方三圣像，金碧萤煌，流光溢彩。殿宇为重檐歇山式顶，上覆琉璃筒瓦、鸱吻、游龙、宝顶，翘角外昂。前殿以斗拱承重，卷棚内附，大殿中有石质圆形金柱四根，径1.8米，高12.9米，余皆楠木黝漆，雕梁画栋，庄严堂皇。

在下殿通往正殿之甬道中，建有一座奈何桥，下有水池称为血河池。相传凡污秽不净、作恶、吃独食（不孝敬父母）者不得过此桥。若跨此桥过，就要记入罪恶簿，人亡后会被坠入血河池受罪。池畔有一通砂岩石碑，高三尺，碑身文字已漫漶不识，仅可见落款有“大明成化十一年（1475）三月中瀚甲子榖旦”等字。

1991年，经县政府民宗委批准，东林寺恢复开放。此后历经十年的建设，先后整修大雄宝殿、天王殿，新建文殊塔、千手观音殿、结缘桥、白马坟、杨老和尚墓等建筑。今日之东林寺，殿宇巍峨。

上 庙

上庙，亦名关庙，位于长寿区邻封镇邻封村1组，始建年代不详。古庙遗址在邻封场老街北侧，今址已为民居所覆。

旧为四合院布局，木质结构穿斗房，占地约500平方米，有戏楼、正殿、两廊等建筑。正殿为两层楼阁，上下两层皆施回廊，四周勾栏相依，可供凭栏远眺。楼顶为青瓦覆顶，檐下木雕龙凤、流云、花卉、人物、走兽等图案，剔透有致。正殿二层内悬大钟一口，鸣钟时可传数里之遥。庙前有青石雕凿的石狮一对，昂首威猛，神气各殊。

庙内供关圣泥塑金身塑像，并奉观音、药王、灵官等神佛塑像，造型生动，栩栩如生。寺有田产十石，岁收谷作补修之费。

明清时期，对“武圣”关公崇拜的虔诚和普及，甚至超过了被人们盛赞为“千古一圣”的孔子。在清代，清政府曾要求直省府州县均需造设关庙奉祀，而在民间，各行会尊奉而募资修建的关帝庙和遍布各乡村满足乡民祭祀供奉的关帝庙则数量更多。

在古长寿各乡场，建造的关庙居各寺宇之冠，规模空前，可谓“村村有武庙”。据传百姓事事都祈拜于关公，其崇祀之广，覆盖了社会的各个阶层。

1949年后，殿宇为民居，后因失修而塌毁。遗址现已建有民居，旧貌不存。

下 庙

下庙，亦名万天宫，位于长寿区邻封镇邻封村 1 组，始建年代不详。古寺遗址在邻封场老街南侧，坐东向西，临街而建。旧为四合院式木质建筑，占地约 600 平方米。原有山门、戏楼、钟鼓楼、正殿等建筑，寺周古槐蟠郁，松竹交翠，幽静清雅。正殿又称禹王殿，内奉大禹塑像，皋陶、伯益配祀左右。沿两侧山墙砌有神台，奉十八罗汉泥塑神像。据村民雷树全回忆，万天宫的戏台建造十分考究，飞檐翘角，琉璃筒瓦，气派华丽，戏台两厢“耳楼”的雕花栏杆视线开阔，凭栏而坐观赏戏曲，形似今日剧院的包间。颇具特色的是禹王宫的阑额上镂刻有戏曲曲目，近 100 多个戏曲人物塑像，个个栩栩如生，呼之欲出。

1949 年后，寺宇废弛。殿堂曾改建为粮站使用，现址已建有民居。残存有下殿墙体一截，用空心砖砌筑（一层平砖和一层立砖夹砌），残高 1.6 米，残宽 2.3 米，墙体底部用五层平砖顺向错缝平砌，墙体的内外两面均抹有泥巴。

【龙河镇】

宝藏寺

宝藏寺，位于长寿区龙河镇永兴村3组，始建于明。寺宇遗址在村东隅陈家坡，坐南向北，依山而建。其址有青杠堡拱其前，打鼓堡护其后，夏家堡辅其左，玄幡堡翼其右，四界林木蓊郁，草莽榛茂，乃一邑之佳境。

古刹创自明时，向为乡人焚献之处，后世兵燹，仅存瓦砾。清乾隆五十年，里境信士、信女百余人捐金构材，庀材储瓦，开山运石，擘画经营，重兴寺宇。

清嘉庆元年，有里境首士文希洛倡首，募化108户，重修正殿三间，重塑文武夫子塑像，并西廊、山门亦次第修举。一时佛像器具，威严灿烁；殿堂门壁，幽清净洁；园林树竹，葱茏翠馥。

民国年间，古刹尚存四合院式木质建筑。由山门、戏楼、文昌殿、大佛殿、玉皇殿等构成。戏楼与厢房有走廊相通。时有僧五人住锡寺内，有角庙八处，为旺家庙、宝藏寺、顺水寺、梧林寺、玛瑙寺等。寺有庙田多处，每年收谷租80多担，所获颇丰。

1949年后，学校就地改建，后为民居。今址殿堂尚存，为乡人所居，有碑碣留世。

碑一：

殿宝明通

玉帝之大德无能名矣，殿像之宏勳已叙达矣，兹又何必复赘哉。但建殿与装塑之功德，□多而募化，士女之捐资亦复不少，前竖两碑犹不足以容广众之姓字。故续碑一颗，庶全著善士之德，亦以表善女之功，尔是为序。

募化信女

舒邓氏、汪游氏、汪张氏、陶胡氏各一千五百

刘郑氏、游覃氏、文李氏各二百四十

张吴氏五百、王陶氏四百，陈岳氏一千

玉皇会内士女人等，由戊戌起至乙巳正月会散，尚剩钱粮拾千文，帮修

殿宇共塑金身刊碑列欵千古不朽

募化信士

茹万程、汪玉万二百四十，韩相行、龚仲明、僧性泰、性明、唐咨舜、僧性贤、海清各四百文（功德芳名略）

堡坎下大土面坎为界，西至抵陈处桐子湾为界，北至□□□□□□。

大清乾隆五十年乙巳岁仲冬月中浣之吉

众姓建　生员□□

碑二：

广种福田

建修文武二夫子圣殿碑记

方今我国家运昌隆，重熙累洽。共群神效灵以酝酿夫时雍，□动之休者伙矣，而尤克掌握圣代之文衡，显拔皇朝之武功，惟文昌帝君、关圣大帝二圣人彰彰矣。盖至大者，君与父；至重者， 孝与忠。帝君以孝植千秋之根本而纯德直通呼地天则孝子也而忠臣矣。圣帝以忠维万古之纲常而丹心争光于日月则忠臣也而孝子矣。以故垂诸经文行诸真泪留之史册，事诸血心以统智愚而咸思道貌合古今，而群仰威仪者也。如宝藏寺庙宇错落，佛圣森严，向曾以二圣人罗列其间，而同楹共栋。每于圣诞顶礼终为未壮光华。夺中住持并四围善众，爰深尊崇之志，骏展建启之思。煌煌峻宇敢云即是不骄，夫赫赫威灵对此不啻如生面，庶乎子臣大义，真气弥伦忠孝至伦精光焕烂，足令一时之为子为臣登其堂也畏神而服教。尤致百世之尽忠尽孝，观其光者怀仁而蒙义也，是即特建之微旨也。夫功成勒石谨为之序。高峰弟子文希洛敬撰。

皇清嘉庆元年丙辰岁仲冬月中浣毂旦定立，石师罗铺尧刊，如□敬书。

建殿总领公：汪万玉，十千；王淑元，十千；汪玉堂，六千；汪瑞图，二千；杨尔顺，六千……

约首：白水祯……

生员：文希洛……

宝藏寺“广种福田”碑拓片

通明宝殿碑拓片

广福寺

广福寺，位于长寿区龙河镇盐井凼村 4 组，始建于清。古寺遗址在村南隅黄教坡之巅，坐南向北，依山而建。古寺虽不见于典籍记载，却是当地人尽皆知的古寺，昔日有僧众在此离尘修行，佛乐鸣奏，梵音萦绕，名传四方。

据村民李元炳回忆，民国年间，古寺尚有殿堂楼阁三十余间。上殿为观音堂，殿中供观世音菩萨，为整棵樟木所制，呈结跏趺坐姿于莲座之上，慈祥庄严，“龙女”和“善财童子”分立两旁；下殿为山门殿，内奉一尊笑颜常开的袒胸露脐的弥勒菩萨，系用砂岩雕凿，川主、药王等神像侍立两侧神台。弥勒菩萨笑口常开，以欢喜相迎接十方众生，望之即令人心生欢喜，有联曰：“大肚能容容天下难容之事，慈颜便笑笑天下可笑之人”，这是菩萨度众生示现三十二相中的欢喜相，给众生结欢喜缘。相传在五代梁朝时，奉化地方有一位和尚，经常背着一个布袋，终日奔走，劝化人家信佛，人们就称他布袋和尚。他一生功行都异乎常人，在临终时说了一首偈：“弥勒真弥勒，分身千百亿，时时示世人，时人自不识。”此后，各汉传寺院里都以这位布袋和尚的形象作为弥勒菩萨，供奉在山门后第一座大殿里。

1949 年后，殿宇初为民居，“破四旧”时期，殿堂、法物悉数被毁。遗址今已荒芜，古迹无存。

水口寺

水口寺，位于长寿区龙河镇骑龙村 6 组，始建于清。寺院遗址在村南隅当门坡山巅，坐东南向西北，依山而建。据村民罗长发讲述，相传清初，有罗、吴、李、叶、周等五姓，为避兵匪之乱，携其家眷由楚地出游，避地入蜀。远陟于云集合兴场境而歇，开荒拓业。日久，家族兴盛，人丁兴旺，众姓遂合议捐资营建招提，谓广积福田，传之后裔。

民国年间，尚有殿宇二进，祀观音为主尊。寺宇虽小，却高脊飞檐，结构精巧。上殿供释迦，下殿奉弥陀。殿内祀有神佛塑像三十余尊，并有钟鼓鱼磬，极其完美，器具雅洁。寺址西北侧原建有字库塔，为六角三层楼阁式石塔，高约五米，底层开有弧形顶门，上刻楹联为“慈心浩渺渡来人，慧眼分明观过客”，此塔在 1949 年后被村民炸毁。

1949 年后，殿宇为乡民借居，拆毁于 20 世纪 80 年代初。遗址现存上殿基址，台基上嵌砌有残碑一通，宽 0.46 米，长 1.1 米，砂岩质。可识文字为：“舍白人王□□情自先年符……名下□因一□当价铜钱……此生事清远父子……舍入作香灯□献清远自舍之陵异说之兆耳……四十七年。”

杨家寺

杨家寺，位于长寿区龙河镇盐井凼村5组，始建于清。寺院遗址在村东隅毛冲湾山间，前有龙溪河相护。四界松竹交茂，嘉木蓊郁，地胜景清，为一邑之佳景。

相传清道光年间，有郡人杨氏者，宦游京邸数载，暮年以后，栖迟林下，息心禅阅，避迹西山。自捐资帛，储蓄材木鸠工，构建佛寺。建前后殿阁、左右廊庑、僧寮、香积种种完备，凡瓢、笠、杖、钟磬，无不具足，俨然禅人衲子之所为者。又置敬田净地，以为香火之资。

据村民杨登凡讲述，民国年间，尚存殿宇十余间，时有僧尼二人住庙护持道场。乡中旧俗，每岁三月办会，七日而止。是日，庶民结伙进香，会首鸣金号众，众率之，其后有唱吹弹鼓以赴。又以持旗幢者十，绣旗丹旐各十，青黄皂绣盖各十，相随。亦有拜者，顶大士像，步一拜，数日至。

1949年后，殿宇为乡民借居至今。遗址现存有上殿及下殿基址。上殿面阔三间21.4米，进深5.6米，土木结构穿斗房，6柱3穿。台基高1.83米，存台阶7级，宽1.28米，现为乡民熊有明住宅。下殿仅存基址，由加工规整的条石垒砌，台基高1.2米，存8级台阶，宽2.12米。

大力寺

大力寺，位于长寿区龙河镇盐井凼村 1 组，始建年代不详。寺院遗址村东隅扁通寨之麓，坐东向西，依山而建。

据村民杨登凡老人讲述，相传古寺建于宋末元初，其时仅有殿宇一间，礼大士圣像。后世兵燹，仅存遍地瓦砾。清乾隆年间，有乡人于林间伐木，锄荆斩棘，始现殿宇真容。此后有一方善士倡首捐资，集众重建殿阁，又竖释迦莲台。苦志三载而功极告竣。凡释迦佛、诸天、金刚、罗汉诸像，堂殿、楼亭、廊庑之具，靡不鲜而美备，蔚为壮观。自是而后，鲸音不断，梵鼓常敲，昔日之盛，复见于今日。

民国年间，寺宇存四合院式木质建筑，正殿三间，明间佛台上供奉释迦牟尼佛，殿后沿后檐墙亦筑有神台，其上祀山神、土地、灵官、药王等诸神像，十八罗汉分列左右两旁。两次间分祀十大明王像，为大威德明王、爱染明王、无能胜明王、降三世明王、不动明王、步掷明王、乌枢沙摩明王、马头明王、大轮明王、军荼利明王。乡人以大力寺称其名。每至会期，游方之徒，归者如市，远迩礼信，靡然向风。

1949 年后，乡人拆毁殿宇，将栋梁搬运至合兴街上修建合兴农业中学，佛像被挖深坑掩埋，古迹无存。据遗址东侧约 300 米处山林中，发现有石像一尊，高 0.72 米，肩宽 0.23 米。呈坐姿于方形台座之上，圆雕，身着长袍，头戴覆斗形帽，腰系带，左手扶于膝上，右手在腹前执于带。观其雕凿工艺，应为清代遗物。

观音寺

观音寺，位于长寿区龙河镇明丰村7组，始建于清。寺宇遗址在村西隅观音岩下，坐东向西，依山而建。民国年间，寺宇为四合院式土木结构建筑，有上下殿、配殿及山门、牌坊等。正殿供奉观音大士，善财、龙女佐其两旁，殿之两壁绘以十八罗汉。左右配殿另供有川主、牛王等神像多尊。殿前中间是石板铺砌的院坝，院中置石香炉。院坝两边树木林立。因庙宇建于路旁，过往行人皆经此处，院旁树木多用于拴马系驴。到现今还有耆老记得流传于民间的一句顺口溜："上三步，下三步，侧边有棵黄葛树。"可见当时寺庙之繁荣境况。

据村民罗长发讲述，民国年间，里境有四大会首，他们轮流执事，每年组织举办观音庙会。1937年，当地刮了一场八级大风，大风吹倒树木，将庙宇压垮，会首们捐资募众，村民齐心协力修复庙宇。不出一月，殿宇聿新，灿然可观。

1949年后，殿宇为明丰村小学基址，1977年小学迁出。今址已为苔藓覆盖，荒草遮蔽，昔日法幢，了无痕迹。遗址西侧约80米处，有石碑残件，仅可识有"……过路丘秧田共四形右边……记大清嘉庆元年"数字。

龙井寺

龙井寺，位于长寿区龙河镇龙井村 7 组，始建于清。寺院遗址在村南隅龙井寺坡，坐东向西，依山而建。昔有上下殿、山门、字库塔等建筑。上殿为观音殿，殿宇三楹，庄严高大，涂盖兽脊，以甃瓦、灰铁、竹石、丹漆相饰，瓦甋飞光，金碧辉映。内镌弥陀、观音、势至三身像于其中，后檐墙下砌神台，供龙神、药王、监斋诸像，皆珠金绘彩，悉皆完美。

下殿为牛王庙，有塑装牛王菩萨神像，刻凿精细、生动自然。神像结跏趺于莲座之上，下承卧牛以托，双手各持法器。四壁具有绘画，图香山之境界，绘彩乎仙灵，工巧精细，绚然灿然，观者莫不起敬。

庙前立有“美人桩”，其为四方砂岩，高约数尺，中凿有孔隙。旧时乡俗：有不敬师长，尊卑颠倒者；口角生非，持拳称打者；抵触父母，不愿奉养者；饮酒逞强，游手好闲者，俱由耆老呼众绳扎于桩上，以儆效尤。

1949 年后，殿宇为乡民借居，经逐年改扩建，早已踪迹全无。尚存有石柱础一件，为砂岩质，四方形，高 0.41 米，宽 0.36 米，四面开浅龛，浅浮雕花卉图纹，刻饰精美。石像残件一尊，残高 0.65 米，头部缺损，着广袖长袍，呈站姿于方形台座之上，袍长覆足，仅露出些鞋尖，双手于胸前合拢，似持一物，已缺损。

马头庙

马头庙，亦名金鞍寺，位于长寿区龙河镇四坪村5组，始建年代不详。古寺遗址在村南隅马头堡之巅，坐西向东，依山而建。相传古寺建于唐末黄巢起义（878–884）年间，始有释迦佛、文殊、地藏诸殿。唐之后，寺宇虽经多次培修，然屡遭兵燹，隐于荆榛数百年。清道光间，陕甘提督胡超游寺地，慨见殿廊倾废，佛像荒颓，乃发心重建。遂鸠工庀材，建立殿宇、莲座，绘祀罗汉、诸天神。月台用石布砌，随建方丈集云水僧，来依者日多，缁袍日众，焚献精虔，遂为一方名刹。

民国年间，寺宇尚存四合院式木质建筑，占地约600平方米，有山门、天王殿、观音殿、释迦佛殿等，层次分明，错落有致。其释迦佛殿中位法报化三身，十八罗汉佐其两旁，庄严富丽，镂绘玲珑，仿佛于兜率矣。观音殿内立慈航杨枝观音，善财、龙女翊其左右，翚飞焕彩，敛仞起敬。牛王、川主、无常、灵官陈于山门。

时有僧天全（住持），徒惠元、惠全等人住于寺内，晨钟暮鼓，焚献精虔。偶遇旱期，四境信士聚于寺内。1949年后，殿宇为乡民借居。1958年时被拆毁，今址无存。

武圣庙

武圣庙，位于长寿区龙河镇永兴村3组，始建于清。古庙遗址在村南隅瓦厂坡，昔有殿宇二进，占地约400平方米。

寺宇故址莅临交通要冲，其东可达兴隆场（石堰镇），西抵九龙场（合兴），南可至双河场（龙河）。历来香烟氤氲，声播远迩，为里境士民祈釐祝祷之所。

昔有殿宇两重，四合院布局，有僧三人住锡寺内。正殿面阔五间，正中供木雕释迦佛像，高约三米，两侧奉观音、财神、地母、药王等泥塑神像；下殿底楼祀关圣石像，二楼为戏楼。每岁举办清明会、观音会等，亦请有戏班酬神唱戏。

会期之日，四境善男信女聚集于此，礼佛求愿，寺宇内外人影幢幢，香烟袅袅，烟雾氤氲，钟磬悠悠。会期前发十本缘簿，分各乡会首分头化缘，参会的信众随缘出资，均登记造册。庙会之日，寺僧主法，手敲鼓钹，诵经持咒，焚香上裱文，仪式隆重。参会信众在会首引领下，行至殿内，先奉上祭品，焚香叩首行礼。安置妥当后，会首诵读祭文，大意也是祈求来年避灾避难，粮谷满仓。仪式结束后，会众均在庙内分享素筵。

1949年后，寺庙改建为学校使用，1978年学校迁走，殿宇荒芜。今址已为蔓草所没，故貌全无。

徐家寺

徐家寺，位于长寿区龙河镇龙河村老街，始建于明。寺庙原为当地徐氏家族的家庙，旧为四合院布局，坐北朝南，占地约 300 平方米。相传清时，里境有徐姓士绅，娶周氏为妻。徐氏早亡，周氏以节孝为先，立誓不嫁，居孀守节，经年吃斋念佛。暮年后，自思无人继业，乃自捐家业建寺，并削发入寺修持。邑人敬之重之，历为士民祈雨祷晴之所，以徐家寺而称。

民国年间，寺宇尚存上下殿等建筑，供奉观音、玉帝、文昌、财神等诸像多尊。正殿门楣上题书“奉贤思孝”四字。殿前有 7 级石梯与殿前地坝相连。青石铺砌而成的地坝规矩平整。地坝外围有几棵大香樟树，枝叶茂密。下殿为二层楼阁，底楼供关圣石像，楼上为戏楼，为亭阁式全木结构。戏楼台前楹柱、横梁上均刻有龙凤、鸟兽等鎏金图案，雕刻精美。

时有寺僧一人常住，护持道场。相传其精于医药，慈悲古朴。遇有求医者，不问老幼贤愚，皆以治之。

乡中旧俗，每岁三月三办庙会，七日而止。是日寺内香烟氤氲，人如潮涌，香火极盛。平日亦常有士人来寺谈禅吟咏，历来是乡耆墨客观景吟诵的胜地，为文人向往之处。

1949 年后，寺庙改建为龙河镇中心校，佛像被毁。今址已为民居，古迹全无。遗址西侧约 100 米处荆棘林中发现有神像残件一尊，砂岩质，圆雕，头部及左肩缺佚，残高 0.45 米，宽 0.32 米。可识为神像呈坐姿于方形台座之上，腰系宽带，着盘领长衫，双臂下垂，左手执腰带，右手抚左膝。

张家寺

张家寺，位于长寿区龙河镇四坪村 1 组，始建年代不详。庙遗址在村西隅沙帽石堡，面朝叶家老湾，坐东向西，依山而建。

据村民郑德舟讲述，古庙原为里境张氏家庙，旧有殿宇二进，祀观音为主尊，并奉有川主、地母、龙神、山王、灵官等诸神石像。寺庙上殿供奉一尊用玉石雕凿的观音像，高约尺许，玉质温润，造型优美。圣像头戴化佛宝冠，胸饰瓔珞，身披条帛，衣纹委婉流畅，若迎风飘扬，神态安详静穆，毁于“破四旧”时期。下殿供奉有“灵官”神像，其像为木雕，红脸虬须朱发，三目怒视，锯齿獠牙，右手执金鞭，左手掐灵官诀，身披金甲，足踏风火轮，威风凛凛。民间传说，灵官统领百万神将神兵，能走火行风，穿山破石，飞云腾雾，祈晴祷雨，镇妖伏魔，至刚至勇，还能治病驱邪，收瘟摄毒，普救生灵。

民国年间，因庙产兴学渐起，殿堂改建为私塾。1949 年后，殿宇改建为四坪村小学使用，现址建有厂房，古迹无存。

【石堰镇】

朝阳寺

一、寺院概况

朝阳寺，亦名茶呐寺，位于长寿区石堰镇朝阳村 4 组，始建于清康熙三十五年。寺院遗址建在村东隅朝阳寺岗之巅，坐东北向东南，依山而建。周遭岭峰挺秀，势可摩云，叠嶂回环，超拱互峙，景极幽绝。

相传清康熙年间，有僧性参偕徒杖锡于此，见山川灵秀，知为福地，遂寻了一处地势结庐禅坐，昼夜不眠。某日寅正时，请求法师长住乡间，以护佑四境清吉，并募资鸠工在此结庵数椽，请禅师安住。此后四境风调雨顺，五谷丰登，乡民皆谓是高僧以佛法之力护佑，故将寺院以“朝阳寺”为名。

据村民陈自禄回忆，民国年间，古寺尚存四合院式木质结构建筑，占地千余平方米。寺之规制完整，依中轴线展开，左右对称，主次分明，有三进院落，全以合抱粗的杉木构建，飞檐翘角，宽大恢宏。进山门为魁星楼，五层六面，高丈许，一楼镌有门联云“水通南国三千里，气压江城十四州”，二楼设“陈新申”神位，其为长寿人，万历年间举人出身，官至兵部尚书。后因崇祯帝密使他与清议和，事起泄露，于明崇祯十六年问斩于京门。后崇祯帝懊悔不已，特用黄金铸成新甲头颅，置新甲灵柩中，派人护送回长寿家乡厚葬；魁星楼东西两侧为钟鼓楼，内悬道光年间所铸径尺铜钟。

中轴线上第二殿为天王殿，奉韦陀神像，两旁列风伯雨师、雷公电母。东西配殿是十二殿与灵官殿，殿内祀木雕神像数十尊，皆通身贴金，雕工精美，其相貌端俊，姿态各异，与真人一般身高，流光溢彩，端庄肃穆。

第三进院落宽大方正，上七步青石台阶为大雄宝殿，殿门有联曰“恤孤怜贫仁慈尽矣，尊老爱幼神圣为之”。殿内佛座采用镂空木雕，饰以人物花卉图案，雕工细腻，内容多与佛教故事有关，人物花卉活灵活现。四面墙身上绘有彩绘鲜艳的二十八宿及十八罗汉，均为工笔重彩绘在壁上。殿内佛台上有两米高的石雕大佛一尊，趺坐于玲珑精雕的佛龛内。楣梁上镌刻“天竺圣人”四个楷体大字。东西各建配殿三间，为客堂及僧寮。

1949年后，上殿初改建学校使用，后为乡民借居，中殿为大队办公室占用。今址尚存正殿，旧貌可寻。

二、遗址概况

朝阳寺遗址坐东北向东南，东经107°13'51"，北纬30°1'39"，海拔393米。遗址现存上殿，为木质结构穿斗房，面阔五间20.7米，进深三间12.3米，高6.65米，木结构，悬山顶，抬梁式梁架，七架梁。鼓形莲花础石。台基高0.72米，下存5级台阶，长2.08米；第一级宽0.33米，第二级宽0.34米。

殿内屋檩上尚有墨书题记可识为：

1. 大清康熙三十五年岁在丙子十二月二十日壬寅卯时榖吉上吉

2. 重庆府长寿县文林郎知长寿县事正堂刘儒学教谕蹇捕厅刘

3. 当代开山大戒僧性参号慈惠同徒海潮、海润、道次、了悟，徒侄海善、海洪、海后

4. □传曹溪正脉第三十七世上知下止本堂老和尚过化亡父程兴寿故母喻氏

5. 正檩题记“皇国巩固帝道遐昌佛日增辉法轮常转”

6. 建殿梓匠李国贤、杨学举、刘永详、徐之潘，湖广武昌府蒲沂县□匠伍朝德、杨志均、伍登荣、伍朝福、马登标、汤开子、冯学禄、马登秋、王应谟

7. □山禅者瀛舟、自明、含如、问朴、月明、□渡、际云、懒牛、天元、玄指、天锡、得开、瑞之、三慧、耳生、见明、洪范、了然

8. 诸山善知识三学、慈渊、独峰、间山、师友、识遇、慈云、慈舟、赞野、泗义、天河、慈祥、慈□、□野、余密

朝阳寺脊檩题记

朝阳寺遗址

古佛寺

一、寺院概况

古佛寺，位于长寿区石堰镇义和村 1 组，始建年代不详。据民国《长寿县志》载："古佛寺，在石堰乡，场西北十里。"古寺遗址在村南隅夏家沟，因修建三条沟水库被毁，现信众募资在三官寨山下重修有殿堂，接续古刹香火。

据村民张学成回忆，相传寺宇创自于明，时有高僧云游至此，爱邑境山清水秀，幽谷深藏，遂在此结庐而居。年久为人所知，香火渐兴。高僧化后，其徒厥承其志，古刹规模渐增。寺宇盛时，四方缁流、挂锡者接踵而至。由是暮鼓晨钟，声闻四野。

民国年间，古刹尚存四合院式木质建筑，占地约 1200 平方米，规制颇巨。有山门、古佛殿、玉皇楼等建筑，飞檐画栋，雕梁翘角，小巧玲珑。古佛殿为寺院主体建筑，殿内正中佛台上供有铁铸燃灯古佛结跏趺而坐，法相庄严，栩栩如生。沿两侧山墙神台上奉有十八罗汉、眼光娘娘、川主、地母等神像，金箔贴身，塑艺精湛。玉皇殿内玉皇大帝头戴帝冠、身着龙袍镇坐神台之上，庄重威严，两侧并设日月神龛，上塑日神、月娘及风、雷、云、雨四神像，古朴典雅。

寺宇香火繁盛，从正月至冬月会期不断，远至涪陵也有信众寻来朝拜 。乡中旧俗，每月初九办会，正月拜玉皇，二月拜观音，三月拜灶王，四月拜药王，五月拜龙王，六月拜观音，七月拜大势至菩萨，八月拜灶王，九月拜观音，十月拜牛王，十一月拜弥陀，十二月拜祖师。时有僧众五人住锡于此，晨钟暮鼓，精进修行，为里人所敬重。

1949 年后，殿宇为乡人所拆毁。2003 年，有善信捐资，易址于三宫寨，重修殿堂，接续古刹香火。

二、遗址概况

古佛寺遗址坐南向北，东经 107°9'39"，北纬 30°7'38"，海拔 426 米。遗址地表现为荆棘所覆，原寺建筑格局不存。发现有石香炉一件，砂岩质，高 0.93 米，宽 0.51 米，香炉四角有浅浮雕金猊图案，为清代遗存。

海天寺

一、寺院概况

海天寺，位于长寿区石堰镇海天村 3 组，始建于南朝梁太清年间。古刹遗址在村东隅钟坡顶堡之巅，前拱方山岭，坐北向南，依山而建。其地山虽不高，却通体青翠，林虽不茂，但草木清幽，四周浓荫四蔽，溪水淙淙，密林深深，景色幽邃。天气晴朗时可远眺兴隆场境，风景奇绝。

相传萧梁时，有高僧参南竺得度，指授入蜀乐温县域，临寓斯境，见兹胜地，乃构居卓锡，翦棘辟荒，募诸檀越，披度僧徒，以任经营。始建观音殿，又募修大殿、法堂、斋堂、僧寮、门楹等，莫不焕然一新，可谓香积有厨，浴寝有室，安禅有地，戒衲有居，诚为佛天胜境矣。

据村民吴思永讲述，民国年间，寺宇尚存，为四合院式木质结构建筑。前有山门、戏楼，后为关圣殿、大雄宝殿，两侧以钟鼓楼、川主殿、观音殿等相翼。山门上挂有木额匾，上书“海天禅寺”。大殿供释迦牟尼佛、十八罗汉等塑像，均由楠木雕凿。关圣殿正中供有泥塑关圣帝君神像，两侧分列石雕地母、药王等神像。

乡中旧俗，每岁的六月二十四日办庙会酬神，七日而止。寺僧在山门前搭醮棚，内设神坛，接受善男信女上香礼拜，祈求风调雨顺、五谷丰登、合家平安。会期之日，远至垫江、南川亦有信众寻来进香供佛。

民国年间，因受“庙产兴学”冲击，寺产被提留公用，又设初级小学于寺内，寺宇渐趋衰落。后几经战乱，屡遭破坏。

1949 年后，乡人在寺址开荒辟田，古刹从此匿迹。

二、遗址概况

海天寺遗址坐北向南，东经 107°11'55"，北纬 30°5'54"，海拔 389 米。遗址地表现为现代建筑所覆，原建筑格局不存。民国《长寿县志》载有《募修复龙山海天寺疏》，兹录于下：

海天寺者长邑复龙山一宝刹也，山从天竺飞来，寺是萧梁造就，灵光殿古，甘露台高。上出重霄，绀宇偕珠宫并敞；中无杂树，黄花与翠竹齐芳。无如碧海，忽枯青天，易老风衰，象教月冷。龙华鹿女，微行怅昙花之凋谢；鸽王小住，惊迦叶之飘零。

住持普清，卓锡多年。铸金少力，梁从天降。祷玉笥以无灵树，共山移呼岳神而不动。虽钱倾布袋，衣典袈裟，香种木犀，漏镌铜叶，分鸡园之清供，复鹿苑之旧观。石渐点头，佛将竖指。然而车名五衍，非一木所能成也；水号八功，非半瓶所能济也。为平地之山才轻覆篑；造诸天之塔，尚望合尖。于是托钵出不二法门，渡杯游大千世界，求不施之舍城，入化人唱无缘之慈。场开选佛，伏愿大宰官身，诸善男子，床登四大，结兰若之因缘；石话三生，忆檀越之慧业。或解苏子瞻玉带留镇名山；或发范文正窖金培修古寺。儒能助墨，须知会本无遮，佛亦依人。莫道尘真不染，庶几地开，十笏光合，千灯贝叶，幡经依旧。认兜罗之手，莲花涌座。从新扪卍字之胸，辟支果落而重生，菩提树枯而再发。禽能填海，石可补天。布给孤独之园。但愿金同身舍，勒玉简栖之碣，更看寺建头陀。

遗址尚发现有残碑一截，砂岩质，残高 1.02 米，宽 0.98 米，厚 0.9 米，碑首镌“广种福田”，碑身阴刻楷书，碑身漫漶，仅有部分文字可识如下：

观音大士皇恩……山间手眼可施解平……普陀显现。垂万劫不磨……化道赦千生慕释之……九有感怀即斯地名响水……脉□右岩石齐□中……前□空座遥□清流涓……无庶慈庭之可造应庇经……等募化捐皆命伯……设金容合也□果园域……王怀德者二百四十……

（功德名略）

乾隆四十七年七月吉旦立王在……

同结善缘碑拓片

蹇香寺

一、寺院概况

蹇香寺，又名蹇家寺，位于长寿区石堰镇义和村3组，始建年代不详。据民国《长寿县志》载："蹇家寺，在石堰乡，场西北十五里。"古刹遗址在五华山脉灯碗石峰山半地势平坦处，坐西北向东南，依山而建，占地约1200平方米。其址前拱天灯堡，明法寺山峙其左，刘家庵山翼其右。周遭层峦叠嶂，绵亘千里，秀岭回峰，苍柏掩映，乃一邑之胜景。

相传古刹为破山老祖所建，因祖师俗姓蹇，故寺以蹇香寺而名。民国年间，寺宇尚存四合院式木质建筑，三重殿堂，规模宏伟，殿宇翘角飞檐，雕龙画凤，壮丽辉煌。寺宇盛时，计有大佛殿、法堂、僧寮、藏经楼之属八十余间。前后大殿、南北配殿，亭轩曲绕，环水皆廊，红墙青瓦，掩映于茂林修竹间，极为幽静。大佛殿为寺院主体建筑，供奉有三尊石雕大佛，高及屋顶，中为结跏趺坐手持禅定印的释迦佛，左次为手持灵芝的药师琉璃光佛，右边是手托宝塔的阿弥陀佛，三尊大佛精雕细凿，鎏金上彩，尽显庄严法相。

寺宇每岁会期不断，远至垫江、涪陵亦有信众寻来敬香瞻拜，历年如是，从未中断。村民范天清尚能忆起昔日每月初一办会，十五拜忏。正月玉皇会，二月观音会，三月朝山会，四月药王会，五月放生会，六月观音会，七月中元会，九月斗姥会，十月下元会、地母会，冬月太阳会，极具民间特色。会期请有戏班酬神唱戏，乡人来此膜拜顶礼。

1949年后，寺宇为乡人所毁。20世纪90年代初，乡善蹇志详、蹇福清等人募资在旧址建有殿堂五间，古刹香火再兴。

二、遗址概况

蹇香寺遗址坐西北向东南，东经107°8'42"，北纬30°8'22"，海拔724米。遗址地表现重建有殿堂五间，原寺建筑格局不存。

金灵寺

一、寺院概况

金灵寺，位于长寿区石堰镇石堰村 4 组，始建年代不详。据民国《长寿县志》载："金灵寺，在石堰乡，场北三里。"寺宇遗址在乌稍坡山麓，前拱大斗坡，坐西向东，依山而建。

相传明时，里境有善信黄氏，祖上自湖北麻城迁入石堰境插占为业，已至三代，因无子，仅二女，大女出嫁。因看破红尘，自入空门，提倡募化，构建庙宇，率次女入庙修持，并将自置田业作为寺庙衣单香灯之用。

民国年间，寺宇尚存四合院式木质建筑，占地约 800 平方米。大殿正中佛台上供有三尊木雕佛像，高约尺许。中为释迦佛，头部高起肉髻，两耳垂肩，面相饱满，浅刻五官，着双领下垂式袈裟，手结禅定印，结跏趺坐于佛台之上。两侧有阿难、迦叶尊者侍立，身材低于主尊。三尊造像雕凿精细，形象丰满，气质端严，佛身均用金箔贴体，金光灿灿。沿两侧山墙亦筑神台，上奉有眼光菩萨、月光菩萨、送子娘娘、药王等神佛塑像。

逢每岁的农历四月二十日，寺院筹办庙会酬神，七日而止。四境善男信女聚集于此，虔诚伏拜，祈祷祝愿，极盛一时。时有僧尼二人住锡于此，焚檀燃蜡，侍奉香灯。

1949 年后，寺宇被乡民所毁。后有信众于寺址重塑圣像。

二、遗址概况

金灵寺遗址坐西向东，东经 107°10'31"，北纬 30°5'41"，海拔 383 米。遗址地表现为荆棘所覆，原寺建筑格局不存。

静风寺

一、寺院概况

静风寺，位于长寿区石堰镇石坝村 5 组，始建年代不详。据民国《长寿县志》载："静风寺，在普子乡，场西十里。"古寺遗址在壁福寺大山之山半地势开阔处，坐南向北，依山而建。其址前拱狮子岩，右界天星寨，周遭林木蓊郁，草莽榛茂，目境清幽，堪为栖处。

相传斯境旧有古刹，初构有殿宇三楹，礼观音大士，后岁久而湮。清道光年间，有僧游此少憩，见斯境翠竹苍松，林木荫庇，故募设茅蓬以居之，是为开山祖师。仍循旧制，建前殿三楹，左右列钟鼓楼二间，额曰"静风寺"。高僧化后，其徒厥承其志，又率大众，伐石为大门，崇牌三级，鼓钟、神器、庖庾、丈室、浮屠等灿然毕具无遗。再置寺西侧庙后坡田业五丘，皆承粮入册，以为香灯焚献之资。

民国年间，尚有殿宇三重，规模宏敞，皆为木质建筑。寺周有黄泥夯筑院墙相围，禅院大门开在面北一方，门洞上用砖和灰塑筑成门头，"静风禅寺"四个楷体大字即刻在门头中央。过山门为天王殿，泥塑的韦陀菩萨供于殿堂正中，四大天王分列两侧，瞪目露齿，面目威武。第二重殿堂为关圣殿，供关圣、关平、周仓三位神像，两侧分列有川主、地母、灵官、牛王等石雕塑像，形态逼真，栩栩如生。第三重殿为大雄宝殿，佛台上居中奉一尊石雕释迦牟尼佛，高约丈许，双耳垂肩、袒胸露怀、身着袈裟、体态端庄，结跏趺坐于莲台之上。沿两侧隔墙筑神台，十八罗汉分列两边。乡间所传，寺宇盛时，四方缁流接踵而至。

1949 年后，殿宇为大队办公室所用。20 世纪 70 年代末，殿宇被拆毁，古迹今不存。

二、遗址概况

静风寺遗址坐南向北，东经 107°7'30"，北纬 30°4'54"，海拔 458 米。遗址地表现已辟为鱼塘，原建筑格局不存。发现有石狮一对，砂岩质，圆雕，均有缺佚。呈俯卧状掩埋于田土中，可见背部卷毛。残长 0.67 米，宽 0.32 米，露土部分高 0.23 米。

乱石寺

一、寺院概况

乱石寺，位于长寿区石晏镇兴隆村 4 组，始建年代不详。古寺遗址在村东隅乱石岭岗，坐东朝西，依山而建。其址前拱狮子堡，顺山冈峙其左，兜台坡踞其右，周遭林木蓊郁，草莽榛茂，目境清幽，堪为栖处。山下有溪涧名为龙溪河，发源于梁平，与狮子堡隔河相望。

相传里境旧有古刹，初有殿宇三楹，奉观音大士，因岁久而湮灭。清时，有僧游此少憩，见寺地翠竹苍松，林木荫庇，故募设茅蓬以居之，是为开山祖师。历数年，僧事渐为人知，于是寺中香火大炽，由是暮鼓晨钟，声闻四野。

民国年间，古寺尚存四合院式木质建筑，占地约 800 平方米。建筑依山就势，分上下两院，布局严谨，气势雄伟。由西至东，依次有山门、戏楼、钟鼓楼、观音殿、大雄宝殿、玉皇楼等殿阁。寺中大雄宝殿的释迦牟尼佛为生铁铸造，高约丈许，面相丰腴，宽颧收颐，结跏趺坐在莲花上，凭高远眺，显得格外庄严肃穆，为不可多见的佛像精品，毁于“破四旧”时期。

因寺址风光隽永，掩映于茂林篁竹间，故历来到此观光览胜、拜佛参禅的信众络绎不绝，兴盛时一天达数百人。每逢佛诞会期，寺内灯火通明，如同白昼，伴有戏班演出，热闹至极，这样一直持续了百余年。

1949 年后，殿宇被乡人拆毁，今址无存。

二、遗址概况

乱石寺遗址坐东朝西，东经 107°13'31"，北纬 30°2'13"，海拔 435 米。遗址地表现为开垦的耕地，原寺建筑格局不存。

麒麟寺

一、寺院概况

麒麟寺，位于长寿区石堰镇麒麟村9组，始建年代不详。据民国《长寿县志》载："麒麟寺，场西北八里。"寺址位于麒麟山顶，依山而建，其址重冈巉岩，群木森郁，蜿蜒起伏，烟云蔽遮，登高一览，胸次豁然。

相传寺宇始于东汉间，初为道观，名"麒麟观"。时有殿堂三楹，奉三清、玉皇。蜀汉时，住观道人闻刘备将在成都称帝，遂云游至蓉，献沉香于蜀帝，获赐玉环一枚。明季以后，古寺屡经兵火，寺竟为墟，颓垣废址，丹漆漫没。清康熙年间，有僧偶游于此，见庙貌荒凉，乃发心重兴道场，于是托钵募化，不数年，佛堂、佛像焕然再新，额曰"麒麟寺"。逢佛诞会期，前来敬香瞻拜、登高赏景者，相接于途，历年如是，从未中断。

民国年间，寺宇尚存四合院式土木结构建筑，占地约800平方米。寺内祀奉观音菩萨为主尊，亦供有十八罗汉、关圣、韦陀、山王、牛王等神佛塑像百余尊。寺前原种植有合围粗的黄桷树两株，枝叶繁茂，遮天蔽日，1958年被砍伐。寺后有石塔一座，塔顶为密檐，七级浮屠，通高4米有余，塔门朝西，内有龛，正面有浮雕一佛二胁侍，毁于"破四旧"时期。

1949年后，寺宇废弛，现址有乡民募资重建的殿堂一间，接续古刹香火。

二、遗址概况

麒麟寺遗址坐南向北，东经107°8'10"，北纬30°5'48"，海拔509米。遗址地表现为蔓草所覆，原建筑格局不存。发现有石柱础二件，皆砂岩质，形制相同，为二层垒叠。根据其雕凿风格及工艺判断，应为清代遗存。

圣水寺

一、寺院概况

圣水寺，位于长寿区石堰镇干坝村 1 组，始建年代不详。古寺遗址在明月山深处，坐东向西，依山而建，遗址现已建有民居，原建筑格局不存。其址后枕麒麟寺山，前拱对门山，卷子坟岗翼其左，团堡踞其右，周遭崇冈峭壁，岭峰挺秀，而目之所纵，山峰秀丽，溪流潆洄。

据村民简台明讲述，明月山顶旧有古刹，相传始于唐开元盛世，昔日殿阁周环、精舍叠起、僧房罗列，莫不灿然完备，为里境尽人皆知的古佛道场。寺宇盛时，自山脚花礤磴到山顶千佛顶，殿阁重叠，计有十二重殿宇，每日朝山拜佛的信众络绎不绝。逢佛诞会期，前来敬香瞻拜、登高赏景者，相接于途。

民国年间，寺地尚有三重殿宇，沿中轴线布局依次有山门、灵官殿、观音殿、大佛殿等建筑，全用灰砖砌筑，顶覆青瓦，殿宇巍峨，气势不凡。灵官殿内供灵官菩萨木雕塑像，两侧亦有眼光菩萨、日光菩萨、黑神等石雕神像。灵官像高约两米，赤面髯须，身披金甲红袍，三目怒视，左持风火轮，右举钢鞭，形象极其威武勇猛，令人畏惧。观音殿内佛台上供石雕观音圣像，曲眉丰颊，面容端庄，两侧为文殊、普贤，合称三大士。大佛殿内释迦牟尼佛结跏趺坐于莲花台座之上，宝相庄严，气度不凡，沿两侧山墙亦筑神台，祀有十八罗汉浮雕石刻，每位罗汉均雕刻于一块石板之上，生动逼真，栩栩如生。山门前有古核桃树两株，枝干虬曲苍劲，郁郁葱葱，今尚存于世。

寺庙每岁要举办几次大的会期，如农历二、六、九月的观音会、药王会、财神会等。以农历二月十九日的观音会之香火最盛。据传，是日为观音大士生日，户户均设观音位，蒸供敬献。

1949 年后，殿宇初改建为校舍使用，后为民居，今址古迹无存。

二、遗址概况

圣水寺遗址坐东向西，东经 107°7'54"，北纬 30°6'6"，海拔 624 米。遗址地表现为荆棘所覆，原建筑格局不存。

发现有石雕残件 2 件，为石柱础及佛首残件，乃清代遗存。石柱础，在遗址东侧，为二层垒叠，下为八边形，上亦呈八边形，中间束腰，每一面都浅浮雕花卉图案。高 0.45 米，长 0.38 米，宽 0.41 米。

佛首为圆雕，青石质，头像高 0.46 米，宽 0.28 米。可识为头戴宝冠，广额丰颐，眉弓缓弧形，隆鼻厚唇，造型写实，块面起伏转折，线条回悬，皆运筹有致。

石安寺

一、寺院概况

石安寺，位于长寿区石堰镇石坝村1组，始建于明。古寺遗址在村北隅松香坪，旧为四合院式木质建筑，占地约500平方米。

据村民郑国梦讲述，相传明崇祯十七年，张献忠破江津而入涪州，邑境土匪亦趁乱而起，肆虐乡间，民不聊生。有乡耆避乱而来斯境，见此间风光隽永，山清水秀，遂发心出家修行。他自捐钱帛，随缘募化，一时八方响应。众檀那或助金钱，或施人工，次年殿宇落成，焕然珠宫绀殿。自是而后，梵音不断，鼓钟长鸣，其所崇奉之者无不至，庶不负名寺之称矣。

民国年间，寺宇尚存四合院式木质建筑，三进院落。自北而南建关圣殿、观音殿，玉皇殿建于寺地最高处，分上下两层，楼顶上覆黄绿蓝三色琉璃瓦及花鸟、走兽、人物等琉璃构件，制作精细，色泽艳丽，因殿宇雕梁画栋，金碧辉煌，乡民又称玉皇观为“黄金楼”。殿内所塑神佛像，如玉皇、观音、灵官、药王等皆为石雕，形象生动逼真，栩栩如生。

昔日寺宇每岁会期不断，以正月初九的“上九会”规模最甚。会期之日，香客摩肩接踵，拥挤不堪，山路为塞，香火鼎盛，会期长至一月方渐歇。

1949年后，殿宇为乡民借居，后因年久失修而塌毁，今址无存。

二、遗址概况

石安寺遗址坐南向北，东经107°11'26"，北纬30°16'31"，海拔482米。遗址地表现为荆榛所覆，原建筑格局不存。

石并桥寺

一、寺院概况

石并桥寺，位于长寿区石堰镇普子村6组，始建年代不详。古寺遗址在村东隅三叉河东岸，石堰至合兴的骡马古道即由此间而过。昔日河流经此潆洄西注，在上下不到一里的距离建有石桥四座，水涨桥淹，俗称石闷桥。而寺宇即建在两座相邻并行的石桥上，得名“石并桥寺”。昔为单殿式木质建筑，正殿三间，两边有走廊相接。一间殿堂建在河中巨石上，下以立柱而支，高出于石桥，河水从走廊下流过。

相传寺地古有招提废址，久而湮没，圣像犹存，苔藓剥落，风雨飘零。清道光八年（1828），有僧本园，行脚于斯，睹其神像，起大善心，广募众善，择一吉日，捐资命匠，伐木兴工，重立梵寺。初立正殿三间，塑妆金像，旦夕梵献颂祝，须臾无间，因正殿建于石桥之上，乡民以石并桥寺呼之。

民国年间，寺宇尚存，供释迦佛、东岳大帝、观音、药王等神佛塑像五十余尊。每岁七月办会，请有戏班唱戏酬神，而游方之徒，归者如市，远迩礼信，靡然向风。

1949年后，殿宇为乡人所毁。今址有乡中众善募资所建的殿堂一间，重续古刹香火。

二、遗址概况

石并桥寺遗址坐东向西，东经107°9'47"，北纬30°4'8"，海拔351米。遗址发现有石碑两通，皆砂岩质，碑身呈长方形，因年久风化，文字已漫漶不清。

碑一，高0.87米，宽0.52米，厚0.7米，碑首镌“广种福田”，仅有“道光八年十二月□立”数字可识。

碑二，高0.93米，宽0.57米，厚0.9米，碑首镌“永垂不朽”，碑身仅有“当附监院和尚本园”数字可识。

观音阁

一、寺院概况

观音阁，位于长寿区石堰镇高庙村 1 组，始建于清嘉庆年间。古寺遗址在村东隅庙梁子之巅，坐北向南，依山而建。其址面向王家大湾，东有木鱼堡之倚，西有岩湾之望。周遭嶙峋突兀，泉瀑交悬，奇花异卉，杂植其间，四时争巧。游人登临，恍若有武陵桃源风，诚为一方之胜景。

相传清嘉庆年间，有僧就石壁凿佛数龛，旦夕供奉，不数月间，轮奂并美，巍然焕然。清道光年间，有善信杨国详、王宗方、王宗叙等募缘捐资，鸠工庀材，建修正殿、廊庑，增塑观音、川主金像，越岁而功成。自是五级之间，石柱、石磴，爰琢爰甃，以渐焉可观，遂成佳境。

清光绪十九年（1893），因庙宇年久倾圮，有领首人王调元、王继轩、王调远、刘师仲等发心募修，合力以助简材，诹曰召匠僦佣。修葺殿宇，增塑观音、川主、药王诸像。又翼以两庑，后环以列屋，门寝斋厨、庾库湢间之属，秩然以次就绪。殿内雕塑藻绘，焕然聿新。

民国年间，寺宇尚存。为单殿式木质建筑，有殿舍五间，倚山为基，甃石为梯。

奉有观音、川主、药王、山王、雷神等塑像三十余尊。寺宇虽小，香火却旺，每年香会不断，如二月十九日观音会、正月初九上九会、祖师会等，而以每年的农历六月二十四日“川主会”规模最兴。

1949 年后，寺宇废弛。今址有乡中众善复建的殿堂，重续香火。

二、遗址概况

观音阁遗址坐南向北，东经 107°5'37"，北纬 30°0'16"，海拔 387 米。遗址现存有石窟造像两龛，雕凿于长 13 米、高 5 米的岩壁上，窟中造像均有缺佚，现代有补塑。塑像衣着庄重无华，刻工质朴，为长寿区佛教遗址所罕见，编号001、002龛。

001龛为单重窟，高0.79米，宽0.54米，进深0.35米，龛楣缓弧形，龛壁有较明显粗凿痕。龛内正壁中央造坐像一尊，头部为现代补塑，可识其结跏趺坐于基坛之上。龛门外壁两侧镌联曰“白莲台上弥勒佛，紫竹林中观世音”。

002龛为单重长方形窟，下宽上窄，圆拱顶，高0.85米，宽0.62米，进深0.23米。窟内造坐像一尊，头部为现代补塑。可识为身着圆领广袖长袍呈坐姿于基坛之上，双臂下垂于腹侧曲肘，双手隐于袖间在腹前合拢。龛门外两侧岩壁上镌联曰：“水荒时修真成觉，乾坤冥显化安民。”

岩壁上存有题刻五处，凿于岩壁上，虽经雨露所浸，仍有部分文字可识。

题刻一：微善碑

穿观音全金序

昔日梁武结善缘，三里一庙五里庵

前生斗笠遮佛盖，后世君王坐龙轩

行善出资非他布，何必令人劝化捐

吾今略发一寸意，祈赐福禄与延年

双滩人十耆民王宗科叶氏

同男之林发心金装

观音大士金容一尊，金莲座下

祈保合家清泰老安少怀宝贵

荣华绵远之……兆耳监生王之祥书

道光十八年五月二十日吉旦

题刻二：嘉庆八年桂月吉旦立

题刻三：永垂万古

修塑……杨国详、王程氏、王宗方、王宗叙、王宗槐各助钱……

大清道光十……

题刻四：万天川主一尊

同吉善缘安位

领首人王调元、王继轩、王调远、刘师仲、王耀远、傅春山、傅昆

山、王道务、黄兴才各出钱二百

程济生、程济昌、程安全、程□南、赵□成、左万瑞

……

各出钱二百文

光绪十九年十二月……

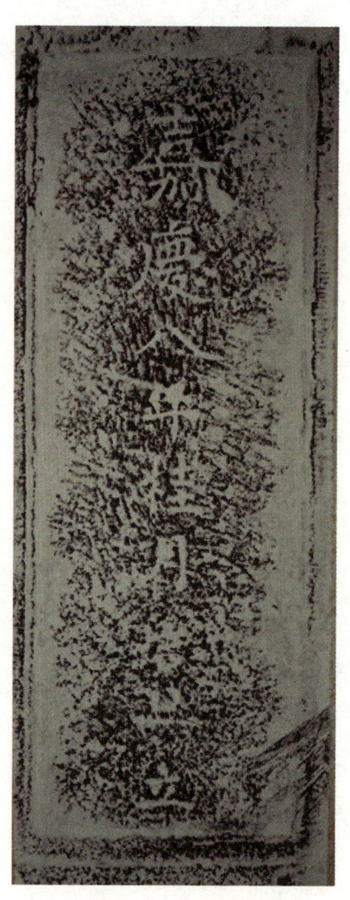

嘉庆八年题刻

“万天川主”题刻

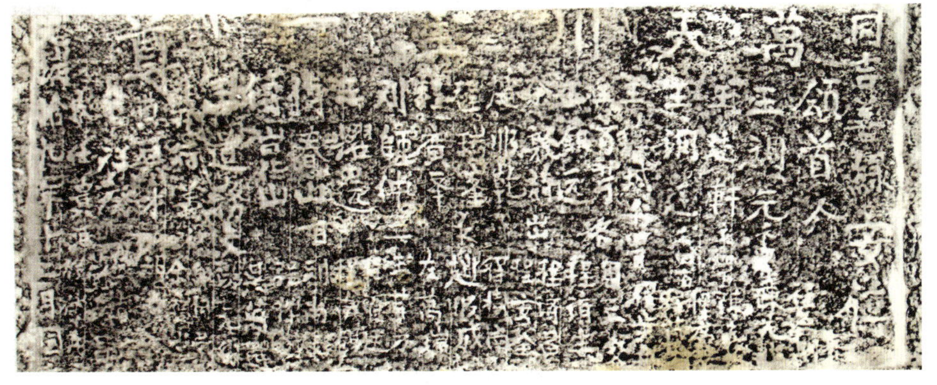

“万天川主”题刻拓片

“徵善碑”拓片

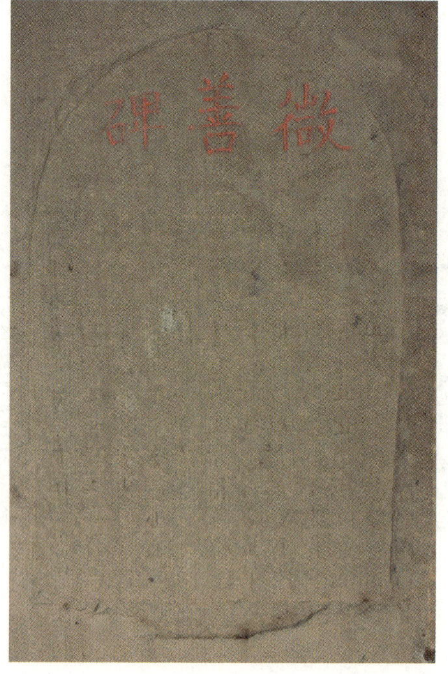

“徵善碑”题刻

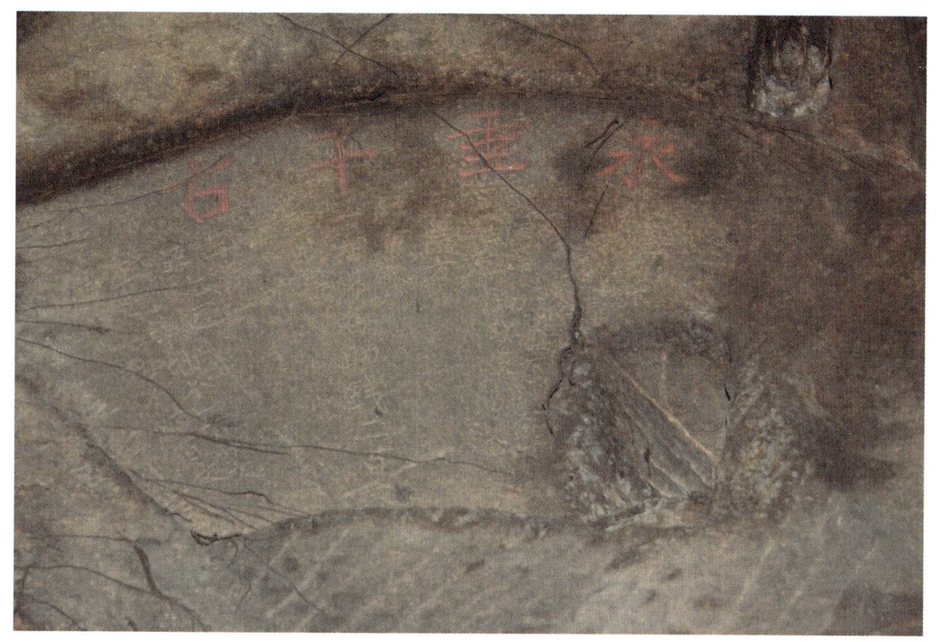

“永垂万古”题刻

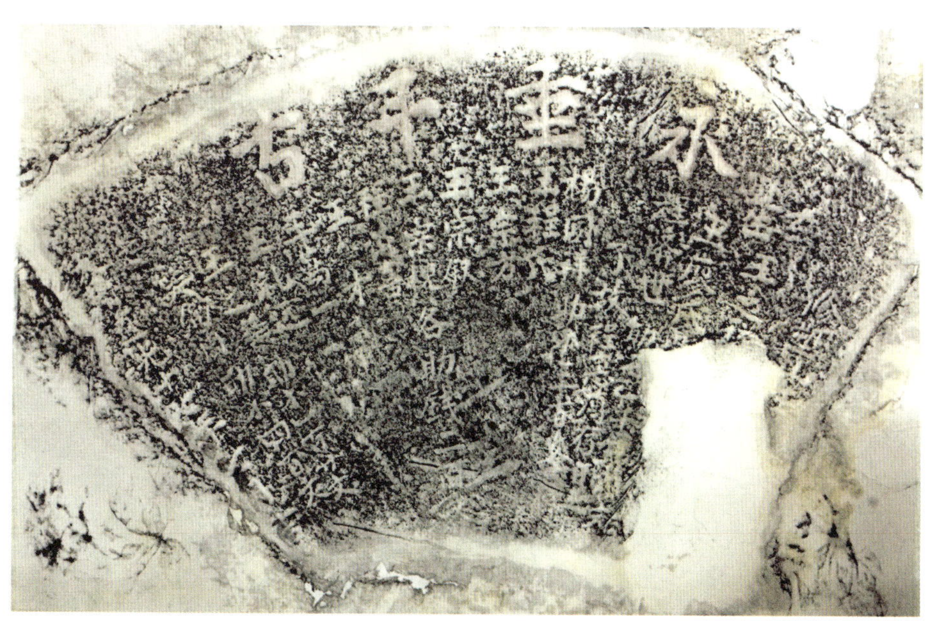

“永垂万古”题刻拓片

无涯寺

一、寺院概况

无涯寺，位于长寿区石堰镇石坝村5组，始建年代不详。据民国《长寿县志》载："无涯寺，在普子乡，场西六里。"古寺遗址在无涯寺岗山半，坐南向北，依山而建。其址前拱四岩坡，龙断桥岗踞其左，张家坡峙其右。周遭林木蓊郁，草莽蓁茂，地胜景清，为一邑之佳境。

据乡民王自芳讲述（石坝村5组村民），相传明崇祯年间，里境有姚黄之乱，有夫妇二人流落于此，搭茅棚而居，男耕女织，与世无争。某年仲夏之季，雷雨倾盆，岩畔现石像露立。夫妇俩见天降神佛，不敢怠慢，遂四处募化钱粮，谋修寺宇。檀越信士，四众弟子，随缘解囊，鼎力相助。四方乡老，亦欣然乐从，大发婆心。越岁而厥功告成，栋柱交承，檐宇相接，垣墉笋簴，各各俱足，由此风调雨顺，闾里奠安，可以迈前修而利后学矣。

民国年间，寺宇尚存四合院式土木结构建筑，占地千余平方米。后列大佛殿，前为关圣殿，中置川主殿。大佛殿为寺院主体建筑，内奉释迦牟尼佛像，两侧置形态各异的十八罗汉、二十四诸天圣像。大殿外殿前平台，立一座字库塔，高约5米，八角五层，结构精巧，风姿挺秀。前为川主殿，内供一尊木雕川主神像，鎏金上彩，气宇轩昂。每岁六月川主诞期，寺院办会酬神，七日而止。乡中亦有"巡川主"的习俗，抬着川主神像或牌位出游。若偶遇旱期，则择吉日吉时，由信众四人抬轿，抬着"川主神像"至各村巡游，善男信女尾随其后，一路敲锣打鼓，绕村一圈，然后将神像送回庙里"请圣归位"。

1949年后，殿宇为乡民借居，经逐年改扩建，旧貌已失，今址无存。

二、遗址概况

无涯寺遗址坐南向北，东经 107°7'51"，北纬 30°4'29"，海拔 355 米。遗址地表现为民居所覆，原寺建筑格局不存。

钟鼓寺

一、寺院概况

钟鼓寺，位于长寿区石晏镇新寨村 3 组，始建于清。古寺遗址在村西隅钟武寨内，坐东北朝西南，依山而建。其地后枕新寨山，面向小湾，周遭岗平麓迤，水绿山青，烟起霞蒸，造设多奇，盖为邑中胜地。

相传清嘉庆年间，里境有匪乱，所经之处，饿殍盈途，哀鸿新集。其时有葛兰场陈姓富绅携家眷，流浪于此，蒙村民收留，暂有栖身之处。主仆人等生遁入空门、皈依佛门之念。遂在里境觅址建庙长住，初建前殿三楹，左右列钟鼓楼二间。又率大众，伐石为大门，鼓钟、神器、庖庾、丈室、浮屠等灿然毕具无遗。再置田地若干，皆承粮入册，以为永远常住。陈氏祝发，自为住持，修持日久，讲经阐教，法名四扬。香火盛时，每日前来礼佛进香、登高赏景者，相接于途。

据村民邓淑华（曾为寺院僧，1949 年后还俗，今健在）回忆，民国年间，寺院已为僧尼道场，规模甚大，为四合院布局，三重殿堂，木质建筑，殿宇庄严，廊庑焕彩。上殿为玉皇殿，内塑有玉帝金身，正身端坐于玲珑精雕的神龛内。楣梁上镌刻“高帝居士”四个楷体大字。中殿为大佛殿，供“三世佛”，即过去世的燃灯佛、现在世的释迦牟尼佛和未来世的弥勒佛。下殿为观音殿，奉大士圣像，曲眉秀目；天王殿兼作山门，中央开间做成牌楼式的门面，题有“钟鼓寺”楷体大字额匾。所供天王神像，宽额圆颐，气势威武。

1949 年后，寺宇废弛，今址尚存殿阁残迹可寻。

二、遗址概况

钟鼓寺遗址坐东北朝西南，东经 107°13'34"，北纬 30°3'23"，海拔 429 米。遗址现存正殿残迹，虽栋桷倾裂，尚余梁架可窥旧貌。其为土木结构穿斗房，面阔三间 18 米，进深 9.5 米，其前后有檐廊，宽均为 1.6 米。殿内铺地砖残余少量，均为方砖错缝平铺。台基高 0.83 米。前存 4 级台阶，踏跺已破坏，长 1.49 米。

龙华庙

一、寺院概况

龙华庙，位于长寿区石堰镇朝阳村 5 组，始建年代不详。寺院遗址在村北隅尖堡岗山半，坐南向北，依山而建。寺院旧为三合院布局，木质建筑，有殿堂三楹。民国年间，尚有一僧人住庙护持道场。每岁四月二十八日开始办庙会三日，拜祀药王，相传是日乃药王成道之日。信众自兴隆场、义和乡等地来此烧香磕头，不计其数，钟磬喧天，此习俗一直延续到 1949 年初才中断。

据村民戴书林回忆，昔日正殿佛台上奉有一尊石刻阿弥陀佛坐像，观世音菩萨、大势至菩萨分侍两旁，称为西方三圣。西方三圣是佛教中西方极乐世界的三位尊神，由主尊阿弥陀佛与其两位胁侍观世音菩萨和大势至菩萨组成。

1949 年后，殿宇废弛。遗址现为山林所湮，原建筑格局不存。

二、遗址概况

龙华庙遗址坐东南向西北，东经 107°16'13"，北纬 30°18'21"，海拔 318 米。遗址地表现为蔓草所覆，原建筑格局不存。

龙宝寺

一、寺院概况

烂泥寺，又名龙宝寺，位于长寿区石堰镇干坝村 2 组，庙山坡之巅，坐东向西，依山而建，与邻水县接界。

寺宇虽不见于县志所载，却是当地乡民人尽所知的大丛林。据村民邓伯清回忆，民国年间，寺宇尚存四合院式木质建筑，三重殿堂，依山就势，布局恢宏，殿宇峥嵘，亭阁耸立。由西至东依次为山门、关圣殿、三圣殿、观音殿、玉皇殿等建筑。寺内供有大小石雕、木身佛像一百多尊，金碧辉煌，宝相庄严。殿内供奉的观音菩萨，为乌木所制，高约尺许，头戴如意珠翠华冠，袒胸露背，肩臂有帔帛缠绕，系围腰长裙，双手抱左膝，半跏趺坐于神兽之上。面相方圆，曲眉隆鼻，长目半睁，形貌优美，为不可多见的佛像精品。

每逢佛诞会期，到此拜佛许愿的信众络绎不绝，兴盛时一天达数百人。乡间会首募资亦请有戏班演出，热闹至极，历经百年而不衰，被誉为远近闻名的佛教圣地。

寺宇东侧有龙洞，洞口峭石壁立，槎枒盘坳，四周均为修竹茂林所遮，浓荫蔽景。

“破四旧”时期，寺内诸般法物皆为乡民所毁。殿宇又为村民借居，后因用火不慎，古刹为火焚。经遭劫难，古刹从此烟散，从此匿迹。

二、遗址概况

烂泥寺遗址坐东向西，东经 107°18'21"，北纬 30°12'7"，海拔 366 米。遗址地表现为荆棘所覆，原寺建筑格局不存。

龙头寺

一、寺院概况

白龙洞，位于长寿区石堰镇干坝村 4 组，始建年代不详。古庙遗址在龙头山下一天然洞穴外，倚洞而建。寺侧石洞，窅然而深，寂然而中空，洞口峭石壁立，槎枿盘坳，内有暗河。乡中故老相传，昔日洞内石壁上天生二石龙，头角昂然，鳞甲森然，形体俨然，蟠伏于石壁上，其来久矣。忽一日风雨暴至，雷电交加，二龙竟自摩空腾霄而去。紫雾弥漫，金光闪烁，见者罔不惊心骇目。厥后，有乡耆倡首劝募，一方善士捐资，于石洞外建殿堂三楹，又竖释迦莲台。一人倡而百人和，咸绘佛装像，同时备举，寺宇始兴。

民国年间，尚存四合院式石木结构建筑，石条为墙，火砖为垛，青瓦覆顶。远眺楼阁巍峨，后先相望，台殿稀绘，金碧交辉。过者起敬，见者景仰，一方胜地，万姓皈依。

殿内神台上塑有金色龙王神像面北正坐，龙目闪闪，俯瞰下界。两侧有侍者并立，东为牛头爷，手执钢叉，西为夜叉神，怒睁二目凝视，栩栩如生。每岁逢“二月初二龙抬头”和“七月初五龙诞辰”，乡中会首邀约信众举行庙会，祈祷风调雨顺，五谷丰登。

乡中旧俗，偶遇久旱，乡人在庙内设坛祈雨，并抬龙王神像出游。往往路途之中，沛雨甘霖，无不叠至，连年群属田谷丰稔，民气安恬，即赖神庥。

1949 年后，寺宇废弛。今址有信众募资重建殿堂三间。

二、遗址概况

白龙洞遗址坐东南向西北，东经 107°8'21"，北纬 30°7'0"，海拔 638 米。遗址地表今为现代建筑所覆，原寺宇格局不存。

高庙子

一、寺院概况

高庙子，又名崇兴寺，位于长寿区石堰镇高庙村4组，始建于明天启年间。古庙遗址建在村西隅高庙子寨岗之巅，坐北向南，依山而建。其址前可眺长寿湖，后枕半坡，周遭山青水绿，群木森郁，蜿蜒起伏，烟云蔽遮。登高一览，胸次豁然，真可谓清净道场之境。

相传明时里境有堪舆之士，相地阴阳，以为觅址结庵，可以弭灾捍患，利于乡邻。乃与邑中众善，置买高庙子岗上山林、田地数契。又募诸檀越，鼎新兰若，铁山绘塑，鸠工庀材，初建观音殿三楹，并其像。后修大雄宝殿，左右两庑数间，周匝完固。外又环之以垣墙，树之以名木凡百。一时祭楼绀殿，高阁岭台，靡不悉备，恢宏梵宇，自此一新也。

清乾隆年间，有僧于兹焚修，清苦一致。适见寺地峻隘，撤故新之。拓土筑台，甃以砖石，茂集材木，竖前山门、关圣、大雄诸殿，落成有序。法台莲座，长廊广厦，壮丽精严，无所不备。不及期已渐成胜地。四方云水参学，向慕星集。由是绵绵慧灯，光焰不绝，递相传衍，以至于兹。

民国年间，寺宇尚存，为四合院式木质建筑，占地约700平方米。青瓦红墙，挑角廊檐，四角挂风铃，规模宏伟。上殿正中佛台上供有三尊木雕佛像，均为楠木雕凿，高约3米。中间为释迦佛，头部高起肉髻，两耳垂肩，面相饱满，浅刻五官，着双领下垂式袈裟，手结禅定印，结跏趺坐于佛台之上。两侧有阿难、迦叶尊者侍立，身材低于主尊。三尊造像雕凿精细，形象丰满，气质端严，佛身均用金箔贴体，金光灿灿。沿两侧山墙神台上则祀有眼光菩萨、月光菩萨、川主、土主、药王等神佛塑像。下殿为观音殿，奉观音大士金身木像，面目端庄，风度潇洒，衣纹流畅。大殿两侧以无常殿、十二殿、药王殿等殿宇相翼，靡不鲜而美备，蔚为壮观。

寺宇每年会期不断，规模较大者为农历二月十九、六月十九、九月十九的观音会，相传为观音菩萨的诞期、得道、出家日，四境信众聚于寺内诵经，蒸供敬献，焚香舍物，场面极为壮观。

时有僧万福等三人住锡于此，终日香云袅袅、晨钟暮鼓、梵音萦绕。而游方之徒，归者如市，远迩礼信，靡然向风。寺有田产十石，为信众捐施，岁收谷以作香灯之费。

1949 年后，殿宇改建为大队粮仓使用，佛像经卷等法物俱毁。今址有乡善重修的殿堂一间，接续古刹香火。

二、遗址概况

高庙子遗址坐北向南，东经 107°15'45"，北纬 30°1'48"，海拔 403 米。遗址地表现为蔓草所覆，原建筑格局不存。发现有狮形柱础一件，砂岩质，高 0.53 米，宽 0.42 米，长 0.96 米。狮头、足部均有缺佚，狮身鬣毛呈尖状下垂，后腿部有旋螺纹饰，背部浮雕纽带顺狮身飘绕。狮身后背正中上雕以圆鼓形柱础，直径 0.42 米，鼓面配有连珠纹，部分残缺。观其雕凿工艺应为清代遗存。

土龙庵

一、寺院概况

土龙庵，位于长寿区石堰镇尖庄村1组，始建于元。古寺遗址在旧兴隆场北二里新庄湾。相传元顺帝末年（1370），有高僧杖锡于此，刈草凿址，构庵此地，日礼华严秘典，以做佛事。历数年，僧事渐为人知，于是庵中香火大炽，每日前来礼佛进香、登高赏景者，相接于途。明清之际，兵燹频仍，殿撤僧遁，仅存腐椽破壁，欹邪罅漏，陈屋数间而已。清时，有僧偶游至此，见古刹遗迹，发心募资重修。仍循旧制，创修两廊，继则辉煌二殿。凡常住所用器物无一不备，费至百金有余，皆出自钵中而不专恃募化。积六年而后成，殿、堂、楼、阁无不具备，楼观新奇，门庭壮峙，为一邑之奇观。

据村民杨学云回忆，民国年间，古寺尚存四合院式土木结构建筑，占地约700平方米。前有山门、戏楼，后有关圣殿、观音殿。整座寺宇飞檐画栋，雕梁翘角，气势宏伟。寺内供有大小石雕、木身佛像七十余尊，如释迦佛、观音菩萨、十二圆觉、地母、孔圣、雷神等。时有尼僧二人住锡于此，晨钟暮鼓，侍奉香灯。

1936年前后，有里境善信王氏，发慈心，将自捐金帛，得买新庄湾田业三丘，喜舍土龙庵永为焚献香灯之资，以期缘结百年。又置买木料，添修香龛一座，装大士金身，满堂焕然一新。

1949年后寺宇废弛，殿堂为乡民借居，后因年久失修而拆毁，古刹从此匿迹。

二、遗址概况

土龙庵遗址坐南向北，东经107°14'38"，北纬30°3'3"，海拔425米。遗址地表现为田地所覆，原建筑格局不存。

龙头寺

一、寺院概况

龙头寺，亦名龙头庙，位于长寿区石堰镇木耳村 9 组，始建年代不详。据民国《长寿县志》载："龙头庙，在龙头寨内。"古寺遗址在龙头坡龙头寨内，坐南向北，依山而建。其址与大堡寨、凤凰寨相隔里许，遥遥相望。周遭尘峦秀岭，清流激湍，左右映带，山花野卉，鸟鸣鹤翔，历四时而不变，诚为邑中一胜地。

民国年间，寺宇尚存四合院式木质建筑，占地约 800 平方米。沿中轴线布置的山门、戏台、关圣殿、观音殿等殿堂巍然屹立，两侧的城隍殿、财神殿、祖师堂等配殿亦蔚为壮观。殿内供奉有送子娘娘、千手观音、川主、关圣等五十多尊石雕佛像，精雕细凿，栩栩如生。山门前立有铁制灯杆，高约丈许，寺僧每晚点灯，灵光万道，照亮四方，方圆百十里可见。

1932 年，因殿宇岁久渐颓，白蚁柱空下殿廊柱，众善乐捐金资，培修殿宇，又改装关圣及护法韦陀金身及诸神龛座。再有善士捐公 500 文，掌放生息，以作每年庆神之需。

1949 年后，殿宇改建为学校使用。今校舍荒芜，古迹不存。

二、遗址概况

龙头寺遗址坐东南向西北，东经 107°11'54"，北纬 30°4'41"，海拔 402 米。遗址地表现为现代建筑所覆，原寺建筑格局不存。

宝立寺

一、寺院概况

宝立寺，位于长寿区石堰镇普子村 3 组，始建年代不详。古寺遗址在马山堡之麓，坐东南向西北，依山而建。周遭苍岩碧嶂，松柏郁森。

相传寺地旧有古刹，不知始于何年，初立有殿堂三楹，奉观音菩萨为主尊。明季以后，古寺屡经兵火，寺竟为墟，颓垣废址，丹漆漫没。清道光年间，有里境善信吴、于二氏，见庙貌荒凉，于是倡首募缘，鸠工庀材，凿壁开龛，不越岁而殿堂、佛像焕然再新。逢佛诞会期，前来敬香瞻拜、登高赏景者，相接于途。历年如是，从未间断。

民国年间，尚存有四合院式木质建筑，殿宇檐柱皆为合围粗的马桑树所制，笔直挺拔。寺前栽有古柏银杏，参天蟠地，寺内植有月桂，四季飘香，清韵宜人。殿内供有释迦佛、观音大士、药王、川主等神像五十余尊，姿态各异，栩栩如生。山门镌刻有楹联曰："法门平等人天共仰，觉路光明凡圣同游。"殿前悬挂有清代道光年间所铸径尺铜钟一口，其音清越，异于他钟。每月朔望，僧方酣击，冷韵幽声，耸然动听。

寺宇每岁会期不断，如二月十九观音会、正月初九上九会、川主会等，而以每年的农历六月十九"观音会"规模最兴。

1949 年后，殿宇废弛，古迹今已难寻觅。

二、遗址概况

宝立寺遗址坐东南向西北，东经 107°8'30"，北纬 30°3'51"，海拔 353 米。遗址现复建有殿堂一间，原建筑格局不存。

圆通寺

一、寺院概况

圆通寺，位于长寿区石堰镇普子村8组，始建年代不详。据民国《长寿县志》载：“圆通寺，在普子乡，余家寨。”古寺遗址在村东隅余家寨内，坐北向南，依山而建。其址后枕北山岭岗，前拱雨台岗，周遭山环而峙，水带而萦，林薮蓊蔚，盖为里中胜地。

据村民戴光辉讲述，相传古时，里境有乡绅。遂捐己资，鸠工庀材，构建梵宇。先年建前殿，次年造两廊后殿，凡堂廊、阶梯、梵宇、禅房之址，森然星列。又置田招僧住持，什物备具，自是宗风丕振，殿宇清幽。

昔日寺院规模宏大，号称九重十八殿，梵宇层叠，宏伟庄严，掩映于茂林之上；晨钟暮鼓，萦回于幽谷之中。鼎盛时期，有僧上百，香火旺盛，盛极一时。民国年间，尚存四合院式土木结构建筑，占地约800平方米。时有尼僧余才芳等三人住锡于此，晨钟暮鼓，侍奉香灯。

1949年后，殿宇初改建为学校使用，后为乡民借居。2000年前后，有乡善祖业勤、余显全等募资在旧址复建有殿堂一间，接续香火。

二、遗址概况

圆通寺遗址坐北向南，东经107°9'35"，北纬30°4'25"，海拔389米。遗址地表现为楼宇所覆，原寺建筑格局不存。

文昌宫

一、寺院概况

文昌宫，位于长寿区石堰镇普子村（现址在石堰下街向阳机具厂附近），始建年代不详。据民国《长寿县志》载："文昌宫，在石堰乡，场西南一里。"

据村民王国民回忆，民国年间，寺宇尚存，其址在石堰老街西隅，坐南向北，占地约500平方米。殿宇为四合院式土木结构建筑，殿内奉观音、文昌、刘备、张飞、关羽等神祇塑像五十余尊。寺庙山门亦作戏楼，为两层门楼建筑，飞檐翘角，雕花镂空，古朴典雅，底层中间是山门通道，两侧有化妆间，有木梯通到二层的戏台。戏楼的对面高台为正殿，一楼一底，楼上供文昌夫子诸神，楼下为僧道居住。殿内神台上所奉的文昌帝君神像为木雕，高约三米，通身彩绘，头戴饰玉璞帽，着覆履长袍，慈眼慧目，左右两侧则塑有贴身童仆侍立。

山门前原有两棵高大粗壮的黄桷树，枝繁叶茂，蓊郁葱茏，1958年时被砍伐。山门西侧有灰砖砌字库塔，六面三层，第二层开龛，龛门两侧镌联曰："同文同伦并重，万字万派归宗。"整座庙宇青砖灰瓦，古朴典雅，为昔日石堰场上寺观之最盛者。

1949年后，殿宇为乡民借居，寺中法物皆毁，古迹今已无存。

二、遗址概况

文昌宫遗址坐南向北，东经107°16'32"，北纬30°7'13"，海拔371米。遗址地表现为楼宇所覆，原建筑格局不存。

显圣寺

一、寺院概况

显圣寺，又名洗牛寺、显灵寺，位于长寿区石堰镇狮子村 8 队，始建年代不详。据民国《长寿县志》载：“显灵寺，在石堰乡。”寺宇遗址在显灵岩下，坐南向北，倚岩而建。寺前有山路，旧时由合兴至石堰即由此间而过。寺侧有涓涓清泉，名“凉水井”，为往来客商歇脚渴饮之处。

寺本古刹，始创无考，昔日栋宇鸟革，檐阿翚飞，阁楼峥嵘，森森大观。无如历年既久，复遭兵燹，梵宇弗存，石像犹在山麓间。有里境善信捐资，募缘鸠工，创建海幔佛殿，塑观音、龙神、药王金身，再造石香炉二座，皆饰以丹雘，壮丽可观。斯时，栋宇聿新，色相完具，法幢宝座金碧绚耀，奇香异响，缤纷馥郁，金铃宝相，震耀崖谷，真胜景哉。

民国年间，寺宇尚存单殿式木质建筑，倚岩而建。四周栽植竹木，蔚成重林，苍翠蒙密。正殿三间，分侍观音、药王、川主。时有龛师二人住庙护持道场，终日香云袅袅、晨钟暮鼓、梵音萦绕。

1949 年后，寺宇废弛。1992 年有信众募资在此重修殿宇，接续古寺香火。

二、遗址概况

显圣寺遗址坐南向北，东经 107°10'1"，北纬 30°3'2"，海拔 410 米。遗址地表现为新建屋宇所覆，原寺建筑格局不存。

石华寺

一、寺院概况

石华寺，位于长寿区石堰镇石安村1组，始建年代不详。相传湖广填四川时，有李氏族众自湖北麻城迁来，在里境插占为业，繁衍生息。数世后，家业渐兴，遂有族中耆老李正朝、李正乾倡首劝募，创立法堂、斋廊，塑佛、菩萨像，置敬田净地，以为香火之资。昔日殿宇清幽，佛像庄严，上可以备贤侯之游观，下可以集文士之肄业，钟鼓偕鸣，人民胥庆。

民国年间，尚存殿宇三进，沿中轴线布局。由北至南，依次有山门、戏楼、天王殿、大雄宝殿、玉皇楼等建筑，两侧以十二殿、送子殿、九蟒殿、无常殿、藏经殿相翼，整座寺宇规模壮丽，钟磬椒兰，晨昏馥郁，恍一化城矣。

山门亦为天王殿，建在高约两米的台基上，面阔三间，木构架四周围以砖墙，正面墙上开有圆券门与券窗，殿门两侧镌联云："心路喜双清听梵呗经声发人深省；尘氛应共洗任名缰利锁顿欲忘机。"过山门有四角碑亭，内立有八棱碑，高七尺，传为明万历年间所竖。若人摇碑亭则石碑动摇不止，故得名"摇碑亭"，为石华寺一奇。长寿举人杨逢春游石华寺曾题七律诗一首，镌碑立于亭右。诗云：

石华风景甚幽然，贤者漫游壮大观。
黄桷千枝排寺外，碧楼百尺耸云间。
摇亭碑动显灵异，浴体塘温自浴蠲。
佛日增辉流泽远，法轮常转乐天年。

大雄宝殿是寺院的主体建筑，板壁墙，小青瓦覆顶，飞檐翘角，廊檐下有六根直径约90公分的柏木檐柱，笔直挺拔。殿门两侧镌联曰："见闻随喜吉祥殊胜地，究竟常乐解脱涅槃门。"殿内供有三尊2米多高的石雕大佛像，为释迦牟尼佛、大势至菩萨和观音菩萨。三尊大佛鎏金上彩、金光灿灿，肃穆慈祥。三尊大佛背面是立于莲座之上的木雕观音圣像，金童、龙女分立两旁，观音菩萨像体态健美、面颐丰满、装饰华丽，望之即令人生虔诚之心。

玉皇殿为二层楼阁，下层祀奉有燃灯古佛像，高约丈余，佛台前分置钟、鼓，两边分列红脸关公、周仓、关平及文昌帝君雕像，上层供有玉皇大帝木雕神像，两侧分侍风、雷、雨、电四神像。

1940 年，因住持僧释昌海出售庙产六十石给邑绅李祥书，致李氏族中耆老李少康等十四人与石华寺构讼多年，后由四川高等法院裁决，由长寿县佛教会委任僧崇善为寺住持。

1945 年后，因庙产兴学之故，于寺内设立私立信忠初级中学。每岁由李氏族众捐助黄谷 90 石，县政府补助 30 余石为办学经费。

1949 年后，寺宇曾改建为学校使用。今址已荒芜多年，有乡善于上殿旧址重修有殿堂三间，塑神像供奉。

二、遗址概况

石华寺遗址坐东南向西北，东经 107°11'10"，北纬 30°3'28"，海拔 395 米。遗址地表现为民居所覆，原建筑格局不存。存有石经幢一座，砂岩质，呈长方形，高约 3.4 米，宽 0.46 米，底座为四边形，高 0.36 米。

观音岩

一、寺院概况

观音岩，位于长寿区石堰镇石安村2组，始建于清乾隆三十六年（1771）。古庙遗址在村东隅回龙湾观音岩，坐北向南，依山而建。其址前拱瓦堂山，左界泥线坡，右接姚边岩，周遭秀岭回峰，岚翠交横，流水萦回，登临眺胜，不厌搜奇，诚一邑之胜景。

相传清时，有乡人于林间伐木，得观音石像，供入崖龛，因勒石为垣，剪茅为屋。香火极盛，远至云台亦有信众寻来朝拜。清乾隆三十六年，有善信李在琨同缘袁覃氏，至观音岩求子嗣，遂发愿心，捐金构木，诹吉鸠工，伐石取土，造前后殿阁、左右廊庑、僧寮香积，无不大备。越岁工成，又塑龙王、川主、观音木身圣像，庙貌益巍然焕然成一方之大观。

民国年间，寺宇尚存三合院式木质建筑，有僧尼一人护持道场。正殿内佛台上奉观音大士圣像，头戴宝冠，身披天衣，腰束贴体罗裙，雍容华贵，望之即令人生虔拜之心。次间分祀玉皇、地母、城隍、药王、龙王等诸圣像二十余尊。殿前悬有千多公斤的铁铸大钟一口，钟面铸有清乾隆年号。据说每日晨间撞钟之时，钟声可传数里之遥，1958年被毁。

1949年后，殿宇为乡人所毁。今址有善信募资在原址建有殿堂三间，接续古庙香火。

二、遗址概况

观音岩遗址坐北向南，东经107°11'35"，北纬30°2'56"，海拔392米。遗址现存题刻一处，宽0.57米，高0.42米，凿浅龛于岩壁，阴刻楷书。因年久雨露所浸，字迹漫漶，仅有部分文字可识为：

……发心信士李在琨同缘袁覃氏，喜认穿换大慈大悲观世音菩萨金身一尊，祈保家门清泰，早生贵子，吉祥如意。大清乾隆三十六年孟冬月□□□。

复兴庙

一、寺院概况

复兴庙，亦名复兴寺，位于长寿区石堰镇石坝村 1 组，始建年代不详。据民国《长寿县志》载："复兴寺，在普子乡，场西八里。"古庙遗址在箱子坡之巅，坐南向北，依山而建。前拱五华山，后枕鼓子坡，龙井坡踞其左，盐井坡峙其右。寺前田野无限，四季翠绿，村舍毗邻，周遭林木葱郁，绵延叠翠，风景秀丽，盖为邑中胜地。

清时，里境乡善捐金构木，诹日鸠工，起立梵寺，塑妆金像，梵献颂祝，须臾无间。越岁工竣，殿宇辉煌，宝相庄严，可谓祝寿有所，说法有堂，参禅演教无往不裕，气势甚昌。

民国年间，寺宇存四合院式土木结构建筑，占地约 600 平方米。寺周尽是合抱粗的古樟树、苦楝子树、罗汉松相围，青叶苍干，繁荫遮被，覆护着青砖灰瓦白墙红柱的殿宇，显得格外静谧。山门殿内供面善口笑的弥勒佛，韦陀菩萨背身而立；观音殿内奉石雕观音圣像，曲眉丰颊，面容端庄，两侧为文殊、普贤，合称三大士；川主殿内祀一尊川主金像，端坐于神台之上，面相威严，气度不凡，两侧山墙佛台上有十八罗汉浮雕石刻，每尊罗汉均雕刻于一块石板之上，生动逼真，栩栩如生。

20 世纪 50 年代，寺院建筑被改为村小学使用。再经"文革"后，寺址已千疮百孔，破败不堪。2001 年，乡中善信募资在旧址重修殿堂一间，并塑圣像供奉。

二、遗址概况

复兴庙遗址坐南向北，东经 107°11'39"，北纬 30°6'6"，海拔 389 米。遗址地表现兴修有殿宇三楹，塑观音、文昌、伏羲、女娲、地母等神像供奉。原建筑格局不存。

顺安寺

一、寺院概况

顺安寺，位于长寿区石堰镇石坝村 1 组，始建年代不详。古寺遗址在壁佛寺大山之山半地势平坦处，坐南向北，依山而建，距石安寺址里许。

民国年间，古刹尚存四合院式土木结构建筑，占地约 500 平方米。正殿三楹，分祀观音、东岳帝君、玉皇三尊神祇塑像。两侧廊房各数间，其中神像姿态各异，栩栩如生，有的豹头环眼，有的牛头马面，有的手持签牌，有的手持刑具。四壁墙身绘有壁画。

大殿正北有山门三间，当中一间是通道，南北两间分别塑有哼哈二将塑像，手持铁叉大斧，青脸红发，怒目圆睁，叫人望之生畏。山门前立有木制灯杆，每日寅正时分，寺僧挑着一盏油灯升到竿顶，夜夜灯光闪烁。

乡中旧俗每岁农历八月间，寺庙办“佛爷会”七天，酬神唱戏，香火极盛，远至云台、江津等地亦有香客寻来朝拜，络绎不绝。虔诚的信众在观音座前上香礼拜，祈求合家平安、五谷丰登。平日亦常有逸人韵士，喜登此而流连。

1949 年后，殿宇初为学校所用。后在“破四旧”时期，为乡人所毁。遗址现已辟为田地，古迹无存。

二、遗址概况

顺安寺遗址坐南向北，东经 107°11'26"，北纬 30°16'31"，海拔 482 米。遗址地表现为荆榛所覆，原建筑格局不存。

杨家庙

一、寺院概况

杨家庙，位于长寿区石堰镇石坝村 1 组，始建年代不详。庙宇遗址在村东隅塘湾沟，面向中堡湾，后枕沙耳坡，依山而建。

相传清道光年间，有里境杨氏子，幼即剃发入山，颇具聪慧，机锋上下，才辩纵横。暮年离山归乡，谋于族众，建修寺宇以为住锡之所。遂辟榛荆，诛茅丛，庀材鸠工。初建正殿、廊庑，越岁又砌山门、阶墁，种种具备。又有族中礼佛之士，情愿将祖上受遗田产二股，地名塘湾沟，栽种二斗，舍入庙内，永作佛田。再有檀越，各捐诸殿神像金身，璎珞庄严，望者生畏。由是庙貌巍峨，香火盛兴，俨然一大禅林也。其后杨氏族人岁岁均有布施，代代亦有子弟于庙中祝发受具，乡人皆以杨家庙呼之。

迨至民国年间，寺宇保存尚好。全寺建筑分山门、关圣殿、大佛殿、东西两厢、禅堂和僧寮等组合而成，殿宇飞檐斗拱、重檐歇山、天花藻井，典雅肃静。殿内供奉有释迦佛、弥勒佛、玉皇、观音菩萨、十八罗汉等石雕佛像，姿态各异，栩栩如生。逢每岁农历四月二十日，寺院要办眼光菩萨庙会，三日而止，善男信女聚集于此，虔诚伏拜，祈祷祝愿，盛极于一时。

1949 年后，寺宇废弛。殿堂改作村小学使用，经逐年改扩建后，旧貌荡然无存。

二、遗址概况

杨家庙遗址坐南向北，东经 107°18'21"，北纬 30°14'21"，海拔 417 米。遗址地表现为田地所覆，原建筑格局不存。

壁福寺

一、寺院概况

壁福寺，位于长寿区石堰镇石坝村 5 组，始建年代不详。据民国《长寿县志》载："壁佛寺，在普子乡，场西十里。"古刹遗址在壁福寺大山之巅，坐南向北，依山而建。周遭岭峰挺秀，势可摩云，叠嶂回环，超拱互峙，景极幽绝。

古刹创始久远，无从稽考，向为乡人焚献之处。清道光年间，有乡善睹其风雨飘摇，鸟鼠攸去，致殿宇日就荒凉。于是庀材储瓦，开山运石，擘画经营。凡殿庑庭堂，门垣台榭，素绘雕镂，故者新之，腐者易之，创建改作，与夫诸圣师普天妙相，种种庄严，无不灿然焕目。

民国年间，寺宇尚存四合院式木质建筑，占地约 600 平方米。正殿三间，明间佛台上奉一尊石刻阿弥陀佛金身坐像，观世音菩萨、大势至菩萨分侍两旁，称为西方三圣；两次间分祀观音大士、送子娘娘泥塑像。遇佛诞之日，善男信女到寺庙来烧香还愿，络绎不绝，历经百年而不衰。

1937 年，有里境善信捐资帛，修葺佛殿、经楼及两庑廊室，颓者以振，敝者以修，圮者以兴。石工又捐钱镌炉，并营缮寺门石梯、阶墀。越岁而厥功告成，栋柱交承，檐宇相接，垣墉笋簴，各各俱足，极其美观，可以迈前修而利后学矣。

1949 年后，殿宇为乡人所毁。今有众善募资，于旧址建有殿堂六间，接续古刹香火。

二、遗址概况

壁福寺遗址坐南向北，东经 107°16'32"，北纬 30°15'23"，海拔 521 米。遗址现已复建有殿宇，原寺建筑格局不存。

觉空寺

一、寺院概况

觉空寺，位于长寿区石堰镇石堰村3组，始建年代不详。古寺遗址在大尖堡之麓，坐东向西，依山而建。其址左界陈家湾，右临桂花湾，寺前有黄家桥河潆洄东注，周遭翠竹掩映，青翠满目，景色幽邃。

相传明代刘之福将军平贼至此始而建庙，历为乡人祈福祷禳之处。寺宇盛时，僧伽众多，常业可观。每至佛诞会期，四方禅衲闻风趋向，虽隔数千里之途，不惮山川险阻，亦寻来朝拜，盛极一时。

民国年间，尚存有三重殿堂，为僧尼住持道场。寺周古树挺立，景色清秀，环境幽深，可谓幽而不僻，静而不寂。天王殿里弥勒佛和颜悦色居中，八大金刚分立两侧，形态不一，惟妙惟肖。观音殿古朴俭雅，观音菩萨头戴花冠，面相方圆，曲眉隆鼻，长目半睁，形貌优美。玉皇楼金碧辉煌，玉皇神像鎏金上彩，头戴五梁通天冠，足蹬朝靴，姿态端庄肃穆，持重威严。

寺宇每岁会期不断，如观音会、药王会、文昌会、牛王会等，以每年农历二月十九日的观音会最盛。

20世纪60年代，因村民用火不慎，殿宇全部焚毁。遗址现已被辟为耕地，古迹不存。

二、遗址概况

觉空寺遗址坐东向西，东经107°9'54"，北纬30°5'16"，海拔342米。遗址地表现为田地所覆，原建筑格局不存。

高东庙

一、寺院概况

高东庙，位于长寿区石堰镇石堰村石堰正街。据民国《长寿县志》载："高东庙，在石堰乡，高崖寨内。"寺宇旧址与南宗寺相隔里许。

据村民碧中华讲述，相传清初有邑人潘氏者，营地构建祠堂，以为祭祖之处。后潘氏之嗣舍为寺基，又得众善募化，拓其基，初建大殿三楹，旁联禅房三间，设卧榻于内，以便晨昏憩息。殿中装塑金像三尊，为阿弥陀佛、观世音菩萨、大势至菩萨，壅壁四围绘以三教及二十四位诸天神像。寺既成，购置常产，以为焚献之资。寺周栽植竹木，蔚成重林。昔日殿宇壮丽，像绘森伟，规模轩豁，木石瓦甓，丹垩涂暨，金碧相照，兀然为石堰乡境一妙色世界。

民国年间，寺宇存四合院式木质建筑，正殿五间，分祀阿弥陀佛、观音菩萨、玉皇大帝、文昌、药王、川主等几十尊石雕神佛塑像。佛菩萨塑像工艺考究，每尊形象各异，栩栩如生。每逢正月上九会、二月六月九月观音会、四月二十八药王会、重阳节、清明节、川主诞期和老君圣诞等会期，乡中信众聚集于此，极盛于一时。

20 世纪 50 年代，寺宇被乡人所毁，遗址现为某开发商楼盘，古迹不存。

二、遗址概况

高东庙遗址坐南向北，东经 107°9'39"，北纬 30°7'38"，海拔 426 米。遗址地表现为楼宇所覆，原建筑格局不存。

南宗寺

一、寺院概况

南宗寺，位于长寿区石堰镇石堰村石堰正街，始建年代不详。据民国《长寿县志》载："南宗寺，在石堰乡，高崖寨内。"寺宇旧址坐南向北，依山而建。

据村民于龙岭讲述，寺本古刹，不知创于何时，明末毁于兵燹。清道光年间，有僧从天台寺来，目击古刹遗址，恻然动念，立志重修。乃先结庵栖息，供大士像，有祷辄应。奈何年耄力惫，独力难支，遂广募众善，重建天王、观音殿，修伽蓝、祖堂、庖廥、方丈若干楹。殿之中，增置金像，声之以钟鼓，列之以炉鼎。历寒暑数载，而大功倏就，寺之规模焕然一新，极大伟观。居者神旷，过者目眩。

民国时期，寺宇尚存殿堂三进，阁角翚飞，廊庑整肃，金碧庄严。由北至南有玉皇殿、大雄宝殿、观音殿、天王殿等建筑。后有三教金像，令人观之即生慈悲心、感应心、忠恕心。寺内佛像齐全，香火鼎盛，禅声萦绕，为里境一大丛林。

乡中旧俗，每岁的六月十九日，办庙会酬神，三日而止，并请有戏班唱戏。会期之日，台上锣鼓喧天，艺人粉墨登场，台下人头攒动，喝彩声不断。往来客商、江湖艺人、石堰乡境内商贾、附近乡民，相聚于此，观看演出，场面壮观。

1949 年后，殿宇为乡民借居，遗址现为某开发商楼盘，古迹不存。

二、遗址概况

南宗寺遗址坐南向北，东经 107°10'29"，北纬 30°5'7"，海拔 391 米。遗址地表现为楼宇所覆，原建筑格局不存。

大雄寺

一、寺院概况

大雄寺，又名关庙，亦名武圣宫，位于长寿区石堰镇正街，始建于清乾隆六十年。据民国《长寿县志》载："武圣宫，在石堰乡场内。"

里境古有乡场，相传建于清初，名曰石堰场。建场之初，众姓合募先修寺宇，名曰武圣宫，再筑屋开市，场始而兴。

民国年间，寺宇尚存四合院式木质结构建筑，设山门、戏楼、观音殿、关圣殿等，殿内供有大小五十多尊石刻佛像。寺庙的主体建筑为关圣殿和戏楼。殿内供奉一座泥塑关圣神像，高约三米，神像身穿甲胄，正襟危坐，岿然屹立。两侧分别有药王、眼光娘娘、灵官菩萨等神灵塑像相侍。殿前悬挂有大钟一口，高约四尺，钟声可传数里之遥。

1949 年后，寺宇废弛。20 世纪 90 年代末，石堰村委募资向房管部门买下此庙房产，又有众善捐资修葺殿宇，重塑圣像金身，于 2003 年经区政府批准开放。时任重庆佛教协会主席的唯贤法师为寺宇题额匾"大雄宝殿"，寺宇亦更名为"大雄寺"。

二、遗址概况

大雄寺遗址坐东南向西北，东经 107°10'22"，北纬 30°5'2"，海拔 398 米。遗址现依旧迹复建有山门（戏楼）、关圣殿、大雄宝殿等建筑，占地约 2100 平方米。现存戏楼建于清嘉庆戊寅年（1818），面阔三间，进深三间，木结构，歇山顶，抬梁式梁架。额坊等浮雕戏曲人物故事，内柱础浮雕几何纹、万字纹等图案。殿门悬有木额匾，题"监观有赫，嘉庆戊寅年春三月建"。

观音庵

一、寺院概况

观音庵，位于长寿区石堰镇新寨村 4 组，始建年代不详。古寺遗址在玄幡堡之巅，坐东北向西南，依山而建。其址前拱塔堡，左有灯杆堡相踞，右有松香坪岗相峙。周遭林木苍翠，花香鸟鸣，幽泉涓涓，盖为邑中胜地。

古刹创始久远，莫究其始。昔日层阁叠屋，隐于丛林疏木之间，丈室幽庵，拱桥曲径。入其中，复道萦回，金碧炫目。

据村民刘永芬回忆，民国年间，古寺尚存四合院式土木结构建筑，占地约 1300 平方米。由南至北依次有山门、戏楼、十二殿、释迦佛殿、玉皇殿。整座寺宇飞檐画栋，雕梁翘角，气势宏伟。寺内供有大小石雕、木身佛像一百多尊，如释迦佛、玉皇、观音菩萨、睡佛、地母、孔圣、雷神、无常等。时有僧悟旭、郎旭等三人住锡于此，焚檀燃蜡，侍奉香灯。每至佛诞会期，到此拜佛烧香者络绎不绝。

1949 年后，寺宇初改建为大队伙食团，后为乡民借居。1964 年，因村民用火不慎，殿堂被火焚，古刹从此匿迹。

二、遗址概况

观音庵遗址坐东北向西南，东经 107°14'55"，北纬 30°4'6"，海拔 384 米。寺院基址的特点是依地势起伏建成“阶梯”式平台，北高南低。现存寺庙台基三进，东西长约 46 米，南北宽约 28 米，占地面积约 1288 平方米。

Ⅰ号台基位于遗址最北侧，平面呈长方形，东西长约 11 米，南北宽约 21 米，基址地表现已为荆棘所湮。东、西两面有残存墙基，仅残留底部一层砌砖，底部残留有黑灰。南侧残留部分台基，高 1.68 米，残长 1.75 米。北侧发现有石柱础三件，位置均已挪动，形制相同。

Ⅱ号台基位于遗址东侧，Ⅰ号台基下方，平面呈曲尺形，东西进深 7 米，南北宽约 17 米，最大进深 11 米，基址上建有现代民居。

Ⅲ号台基在遗址南侧，平面呈长方形，东西进深 8 米，南北宽约 15 米，基址上建有现代民居。其前部有台基残迹，高 1.24 米。前存 9 级台阶，用石条砌成，宽 4.8 米。殿东南侧还残存有散水，灰砖铺成，外侧用砖匝边，宽约 0.5 米。

观音庵

一、寺院概况

观音庵，位于长寿区石堰镇新寨村 5 组，始建于明。寺宇遗址在塔堡岗之麓，坐东南向西北，依山而建。寺周有丘陵环绕，叠嶂回环，超拱互峙，景极幽绝，民谚谓“九堡十三湾”，占尽一方风水佳处。

相传明时，邑境贼乱，有明将刘之福平贼至此，创修寺庵。民国《长寿县志・古迹》载：“邑东北兴隆北十里观音庵系明将刘琦之孙刘之福将军平贼至此创修。遗留黄锅一，广丈余；战袍一套，并镌铜佛像十二尊，今尚有石碑可考。”明清之际，兵燹频仍，殿撤僧遁，仅存腐椽破壁，攲邪罅漏，陈屋数间而已。清道光年间，有僧遁迹于此，见古刹遗迹，发心募资重修。由是暮鼓晨钟，声闻四野。始则创修两廊，继则辉煌二殿。凡常住所用器物无一不备，费至百金有余，皆出自钵中而不专恃募化。积六年而后成，殿、堂、楼、阁无不具备，楼观新奇，门庭壮峙。

民国年间，寺宇尚存四合院式木质建筑，由山门、戏楼、关圣殿、观音殿、大佛殿、两厢及钟鼓楼等构成。山门上挂有木额匾，上书“观音庵”楷体大字。大佛殿供有释迦佛、观音大士、十八罗汉等佛像，均由楠木雕凿而成。相传，雕制佛像时用的楠木，为清光绪二年，长寿进士殷肇庆所布施。观音殿内奉有铜铸十二圆觉菩萨像，威严灿烁，金碧荧煌。关圣殿祀有泥塑关圣帝君神像，两侧分列石雕川主、地母、华佗、药王等神像。时有僧郎福等七人住锡于此，焚檀燃蜡，侍奉香灯。

1964 年，因村民用火不慎将古寺焚毁。有乡民尚能回忆大殿前的对联：“土龙上高庙踢翻乱石击钟鼓，观音下龙泉嘿得药王求八仙。”

二、遗址概况

观音庵遗址坐东南向西北，东经 107°9'11"，北纬 30°16'7"，海拔 365 米。遗址地表现已辟为田地，原建筑格局不存。

龙泉庵

一、寺院概况

龙泉庵，位于长寿区石堰镇新寨村5组，始建于清顺治六年（1649）。寺宇遗址在尖堡之麓，坐南向北，依山而建。其址左界陈家湾，右有马道子堡相翼，周遭黛山翠岭，林樾秀美，景物清润，盖为邑中胜景。

相传明末时长寿兴隆人高龙泉，因救李自成的大将刘志强而被害，后刘志强率兵随张献忠入川，路经此地时建修寺观祀高龙泉，故以龙泉寺而名。

民国年间，寺宇尚存，为四合院式木质建筑，占地约500平方米，向为乡人春祈秋报、祝釐祷禳之处。整座寺宇，前有山门、戏楼，后有川主，观音殿，飞檐画栋，雕梁翘角，气势宏伟。寺内供有大小石雕、木身佛像一百多尊，如释迦佛、观音菩萨、十二圆觉、地母、孔圣、雷神等。时有尼僧三人住锡于此，晨钟暮鼓，侍奉香灯。每至佛诞会期，到此拜佛许愿的人络绎不绝。

1934年，有里境善信陈氏，至龙泉庵求嗣，乃自发慈心，将凑积银钱，得买田业三丘，喜舍龙泉庵永为焚献香灯之资，以期缘结百年。又置买木料，添修香龛一座，装大士金身，满堂焕然一新，丹雘既辉，金碧且映，厥功伟矣。

1949年后，殿堂改建为小学校舍，遗址现无存。

二、遗址概况

龙泉庵遗址坐南向北，东经107°14'26"，北纬30°4'14"，海拔379米。遗址地表现已建有楼宇，原建筑格局不存。

龙华庙

一、寺院概况

龙华庙，位于长寿区石堰镇兴隆村 4 组，始建年代不详。古庙遗址在村东隅尖堡之巅，坐东南向西北，依山而建。

相传古刹创于明初，历有培修，迄今百余载，昔日梵宫绀宇，罗列巍峨，几比之天竺、蓬莱，为境内栖真之所。迨兵火以后，端严殿宇，卒为灰烬。仅有古碑尚存，乡人皆耕牧其上。迨至清道光年间，有本郡善信倡募捐资，重构法堂，继立正殿、拜厅，又立大悲阁，越岁工成，规模气象，始成禅院。

民国初，寺宇因岁月经久，殿宇倾颓，瓦木脱落，圣像凋残，间有一二仅存者零落于凄风霖雨之下，颓敝日甚。1938 年前后，里境众善募资复建玉皇大殿，越岁又造释迦佛、观音二殿、左右廊房若干楹，地以石漫，缭以周垣。

玉皇殿为寺庙之主体建筑，一楼一底，罗汉殿于左，观音殿于右，前设大佛殿。寺中佛像，皆以香樟、楠木雕凿，饰以金碧，神天仪卫，法相庄严，另有禅室、斋所、厨房一应俱全。整个寺宇，依山就势，结构精巧，穹楼亭阁皆隐约于乔林翠霭之中，景物清绝。每至初一、十五或佛诞节日，善男信女，手捧佛珠，头顶香盘，朝寺拜佛，历久而不衰。

1949 年后，乡民拆除栋梁，辟寺基为农田，今址无存。

二、遗址概况

龙华庙遗址坐东南向西北，东经 107°21'15"，北纬 30°17'26"，海拔 353 米。遗址地表现为蔓草所覆，原建筑格局不存。

愿石寺

一、寺院概况

愿石寺，位于长寿区石堰镇兴隆村 4 组（原龙华村 2 组），始建年代不详。古刹遗址在村南隅鼓子坡麓，坐东向西，依山而建。

相传清乾隆年间，有僧从石堰古佛寺来，见里境风光隽永，山川秀丽兼之民风淳朴，遂在此结庵而居，修持不辍。经年后，渐为人知。遂有善信倡首捐资，相与募修，规模粗具，延僧焚献。寺宇盛时，僧伽众多，常业可观，香火旺盛。

民国年间，古寺尚存三进院落。寺院中天王殿、藏经楼、大佛殿、观音堂及经堂、僧寮等殿舍，高低错落、左右对称，建筑巍然，殿脊罕见，壁画精美，砖雕珍奇。寺宇前为天王殿，内塑弥勒佛像，两侧佛龛内有雷公电母泥塑神像；进而为大佛殿，古朴大方，雄伟壮观，飞檐凌空，殿内居中奉有三尊石雕大佛。东西配殿上各塑文昌帝君、药王和地藏菩萨、祖师神像，个个威严肃穆、栩栩如生。观音堂为上殿，内奉一尊樟木所雕凿的大士圣像，颈饰璎珞，曲眉秀目，神态温婉，和煦如春。

民国后期，因庙产兴学，提留寺产公用，寺显凋落，尚有僧众三人住锡。1949 年后，殿宇为村民占用，因年久失修而渐毁，古迹今已无存。

二、遗址概况

愿石寺遗址坐东向西，东经 107°22'17"，北纬 30°13'25"，海拔 372 米。遗址地表现为荆棘所覆，原寺建筑格局不存。

梅坪寺

一、寺院概况

梅坪寺，位于长寿区石堰镇燕耳村 7 组，始建年代不详。古刹遗址在庙背坡山腰地势开阔处，山麓处有两条溪涧由东西汇来合流，注入桃花溪。昔日寺宇香火氤氲，僧侣云集，而地势酷似朝天门码头两江汇流，故有长寿“小重庆”之称。

民国年间，寺宇尚存山门、关圣殿、大雄宝殿、玉皇殿等建筑，绀殿琼楼，轮奂并美。殿内所奉佛像齐全，香火鼎盛，禅声萦绕，游客与香客络绎不绝。时有僧众七人住锡于此，焚檀燃蜡，侍奉香灯。

寺宇每年佛事不断、信众云集，规模最大的要数每岁农历七月十五日的盂兰盆会。寺院不但设斋供僧，亦设拜忏、放焰口等法事。会期之后，在山麓溪涧放河灯，以招魂续魂。盂兰盆法会是根据《佛说盂兰盆经》，于每年农历七月十五日举行，以佛法供养三宝的功德，回向现生父母身体健康，延年益寿，超度历代考妣宗亲能速超圣地、莲品增上的佛教仪式。

1949 年后，殿宇为乡民借居，今址尚有部分基址可寻。

二、遗址概况

梅坪寺遗址坐西北向东南，东经 107°10'1"，北纬 30°3'2"，海拔 410 米。遗址平面呈长方形，东西长约 38 米，南北宽约 32 米，占地约 1216 平方米，原寺院建筑在 20 世纪 80 年代被拆毁，遗址由关圣殿基址、大雄宝殿基址、玉皇殿基址、南配殿基址等组成。

1. 关圣殿基址

东西长约 9 米，南北宽约 13 米。基址上有现代房基基础南北向贯穿，西侧存有墙基残迹，用大小不等的残砖砌成，用白灰加泥勾缝，宽约 0.4 米，

残高 0.06-0.34 米。

2. 大雄宝殿基址

东西长约 12 米，南北残宽 15-18 米，平面呈长方形，现存南墙、西墙基槽。台基外侧残留有散水，宽 0.5 米，用石块铺就，外用灰砖匝边。

3. 玉皇殿基址

东西长约 9.5 米，南北宽约 16 米，台基高 0.8 米。基址上已建有现代民居。

4. 东配殿基址上存有木质结构穿斗房，悬山顶，面阔 17 米，进深 10 米，9 柱 4 穿 8 间。殿内隔墙上仍有题记可识为“派衍□疆启后人，□□不朽承先代”。

雨坛寺

一、寺院概况

雨坛寺，位于长寿区石堰镇雨台村 2 组，始建年代不详。据民国《长寿县志》载："雨坛寺，在石堰乡，场南十里。"寺宇遗址在雨坛寺岗上，坐东北向西南，依山而建，与余家寨相距不过三五里，遥遥相望。古寺创始久远，莫究其始。昔日殿宇宏敞，金碧交辉，丹垩掩映，内之钟、鱼、铃、磬，外焉垣墙门径，极臻宏丽。鼎盛时期，寺内金像俨然，龙天环拱，香花缭绕，百尔具备，诚为山林学者之道场。

据村民黄广林回忆，民国年间，尚有殿宇一进，木质建筑，寺宇虽小，却古朴精致，为巴渝民居式佛寺。寺周遍植松柏，盖覆天花，远望郁葱，盘翠可掬。禅院大门开在面西一方，门洞上用砖和灰塑筑成门头，"雨坛寺"金字额匾即悬在门头中央。进山门后为关圣殿，泥塑的伽蓝菩萨供奉在殿堂正中，四大天王分列两侧，瞪目露齿，面目威武。再进为大殿，是寺院中的主体建筑，佛台上居中供奉的是石雕释迦牟尼佛，高约丈许，双耳垂肩，袒胸露怀，身着袈裟，体态端庄，结跏趺坐于莲台之上。左边是东方药师佛，右边是西方阿弥陀佛，十八罗汉分列两边。大殿前的殿前平台两侧，各置有铁铸香炉。

1949 年后，殿宇为大队办公室所用。20 世纪 70 年代末，殿宇被拆毁，古迹今不存。

二、遗址概况

雨坛寺遗址坐东北向西南，东经 107°10'31"，北纬 30°4'4"，海拔 374 米。遗址地表现为荆棘所覆，原寺建筑格局不存。

【双龙镇】

明月寺

明月寺，位于长寿区双龙镇飞石村10组，始建于清。寺院遗址在村东隅灯杆堡麓，前拱岩抡堡，坐西向东，依山而建。相传古寺清时里境有陈、胡二姓先祖在罗围插占为业，历经数代后，家业兴旺，后族众合议捐资建寺，以期福荫子孙后代。

民国年间，寺宇尚存三重殿宇，木质建筑，规模较大。有山门、戏楼、天王殿、观音殿、大佛殿等建筑，殿内供有大小石刻、木雕佛像一百多尊，塑金妆彩，金碧辉煌。寺院楼阁雕镂精湛，磅礴轩昂，古朴雅致。山门镌联“云从天出，天然奇观天生就；月照坪前，坪中胜景坪上观”，传此联为清振威将军胡超所书。常有四方高僧、骚人羽士云游来访，谈经论道，品茗论经。历来是文人墨客观景吟诵的胜地，为文人向往之处。清代长寿文人，西充代理知事钟文鼎曾游明月寺，题有《放牛坪》诗：“大地风云欲解愁，平方芳草任遨游。待归战马神州定，谈笑桃林去放牛。”

据村民郭恩如回忆，大佛殿两侧山墙上原嵌砌有石碑六通，分别镌刻于清嘉庆、同治年间，毁于“破四旧”时期。乡中旧俗，每岁农历六月初六日办庙会酬神，三日而止。是日，四境的善男信女到庙内上香礼拜，祈求风调雨顺、五谷丰登、合家平安。常有远至垫江、邻水的信众，不辞路途辛劳，前来进香供佛，数千人云集寺院。民国年间，尚有僧尼会林、能仁、福安、慧德等八人住锡于寺内，护持道场。

20世纪30年代，因庙产兴学，部分殿堂被改作学堂，寺院渐趋衰落。至1949年初，仅存残垣断壁，千疮百孔，破败不堪，景况一片萧然。遗址发现有残碑一截，被乡民打磨成圆形，为建寺之功德碑，落款为清光绪。

庆云寺

庆云寺，位于长寿区双龙镇罗围村6组，始建于清。古寺遗址在罗围山之麓，面向扁通寨山，坐东向西，依山而建。相传清初有比丘僧爱其山水之胜，率徒诛茅辟径，创为佛堂一间，开常住田数亩，以为香火之资。迨至光绪年间，因殿舍间架低小，规模简陋，只足以蔽风雨、容僧众而已。时有邑绅廖氏者，见寺宇窄狭，恻然动念，尽捐宦囊，遴选名工，鼎新修理。新创天王、法堂、金刚诸殿，不一岁而大功攸就。加以所铸钟磬、云板，环列左右，而是寺之规模焕然改观，僧众愈广，气势愈昌。

民国年间，古刹尚有殿宇二重，有僧众二人住锡于此，礼佛设斋，拥褐焚香，崇修不辍。因庙产兴学的推广，又设私塾于庙内，寺渐颓废。

1949年后，殿宇改建为校舍使用。遗址现为民居，存下殿，面阔五间17.65米，进深7.4米，素面台基高2.5米，存台阶7级，宽2.7米，木结构，悬山顶，抬梁式梁架。

存石柱础一件，砂岩雕凿，二层垒叠，高0.37米，直径0.32米，为寺院旧物。

下殿北侧墙体有题刻，可识为："从前丹壁古来……师祖发心当如……建立培修永□□□厨房烟□□壁□廖崇方、廖年□同心敬立。大清光绪二十七年阳春月下浣日吉旦。"

检查劝导站

三清宫

三清宫，位于长寿区双龙镇龙滩村 3 组，始建于清乾隆四十九年。古寺创自明季，兴于清中期，初为道观，民国年间又为菩提道场。昔有殿宇三重，前设山门，次观音殿，次十二殿、次玉皇殿，两翼以无常殿、药王殿、财神殿相配。库院廊庑，轩厅室庖，环列左右，无不整备。经像佛书，钟鼓炉磬，金璧雕镂，日闪月映。洪堂庙宇，巍然焕然，而远近之人，咸赖其庆。

据村民高中民讲述，民国年间古刹犹存，殿宇宏敞，高朗雄丽，时有寺僧二十人住锡，铭佩清规，精持禅要，朔旦焚香，同心礼佛，协力经营，香火兴旺。1927 年，因大殿圮坏，僧相告于里中巨族苏、张、刘三氏，欲改而更新之。三氏俱仗义者，遂捐金指廪度地而改作之。重修释迦、观音二殿，说法、香积二堂，前后丹墀，东西两廊，甃石阶级，桥路以至山门，湢浴池亭，凡所阙略，悉皆增置，极其完美。再施灯田六亩，岁收谷百斛，以作观音堂上香火之资。

1949 年后，殿宇改建为学校使用，后为民居。今址尚有古寺遗迹可寻，存有石碑一通，青石质，阴刻楷书，高 1.24 米，宽 0.64 米，厚 0.12 米。此碑为建寺之功德碑，故碑文略去，落款有“乾隆四十九年甲辰岁林钟月上浣”。

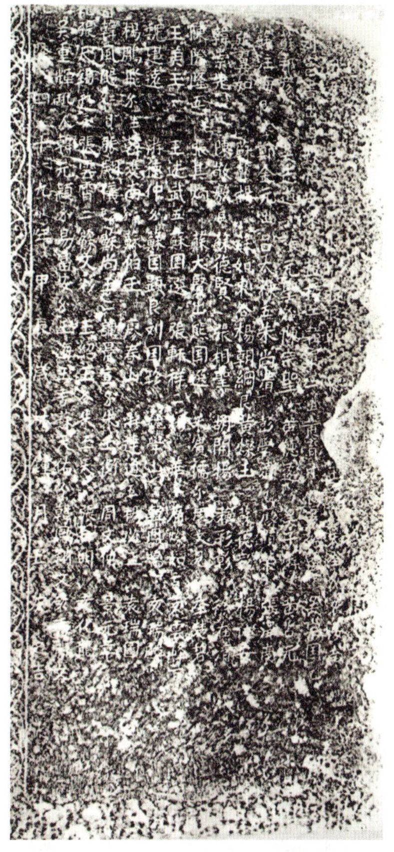

沙坪寺

沙坪寺，位于长寿区双龙镇龙滩村3组，始建于明。寺址位于塔堡下，前拱魏家堡，北连胡家坪，南抵叫化岩。四周田畴交错，竹树掩映，丛篁古木，蓊郁荫翳。

据村民焦光德回忆，古寺历年久远，始创于明。昔日栋甍翼然，金饰灿然，而其中像教之俨，庄严之美，非言语所能绘。民国年间，古寺尚存四合院式木质建筑，坐东向西，占地约600平方米。有前后殿、法堂、僧寮等建筑，主祀观音大士。前殿供石质弥勒佛、泥塑四大天王和韦陀菩萨。后殿三间，明间内佛台上奉一尊结跏趺而坐于莲花座上的观音菩萨石雕塑像，法相慈祥庄严，高约3米。两侧山墙下亦砌有神台，奉有观音菩萨的32种为了救世度人的化身像。左侧次间祀有牛王、梅山、灵官、王母、黑神等神祇。

清光绪三十年（1904），长寿举人戴钖畴，贡生向名镇、韩次春在此创办翠英高等小学，三年后因经费筹集困难停办。后由双龙乡政府出资开办公立高等小学，民国初迁至双龙场后，在此设学校。1940年，长寿县佛教会迁沙坪寺办公，1942年2月迁罗围观法寺办公。1949年后，殿宇改建为沙坪小学，后为民居，现仅存寺院基址一进。

基址坐南向北，面阔18.8米，进深约13米，地表现状为蔓草所覆盖，仅基址前端可见有条石垒砌的台基，高0.8米，存2级台基，宽3.88米。

村民保留有上殿脊檩一截，上有题记可识为："崇祯二年兴建，光绪十六年重修。善信□石九河、石大□、石大□舍当价钱二十四千文。住持悟静，徒慧岩□□□□□曾孙通□□□□□□□□□捐资□塑左右罗汉。重修木匠郭文仲、郭仕栋。石匠胡文晓、胡文镜。重修住持永圆，徒悟澈、悟诚，孙真卯、真亮、真法，曾孙常兴。"

【万顺镇】

五佛寺

五佛寺，位于长寿区万顺镇大滩村10组，始建年代不详。寺宇创始久远，莫究其始。昔日屋翼华焕，闳壮静深，僧众云集。鼎盛时期号称有殿宇五重，僧众上百，香火极盛于一时。后世兵燹，殿舍化为灰烬，仅存石岩古佛五尊。

清乾隆年间，有里境善信李朝选，睹古寺遗迹，发菩提心，重修寺宇。乃募化重金，重修殿宇。粗营前殿两廊山门，寥蔽风雨。数年后，又爰集乡人募盖正殿三楹，神天仪卫，焕然一新。整座寺宇，穹楼杰阁之雄丽，云窗雾阁之高下，皆隐约于乔林翠霭之中，崇饰像丽无以加矣，壮丽无比。

清同治年间，有首士李亨明倡首补葺观堂，一宣布间，众善踊跃成之。乃诹吉鸠工，新构崇楼五楹，下供法王，上庋梵箧，旁为僧寮客舍，更辟建客堂库厨于两廊。几历秋霜，工竣始成。至是常住三宝圆满庄严，计日而聿观厥成，诚为此方之良福田。

民国年间，寺宇尚存。时有殿宇二进，规模虽小，却结构精巧，雕梁画栋，精美考究，既显庄严得体，又不失佛教文化之精雅韵致。殿内原有清同治年间铸铁钟一口，高约数尺，其音清越，异于他钟。正殿佛台上供有三尊石雕佛像，均为整块青石雕凿，高约数尺。中间为释迦佛，头部高起肉髻，两耳垂肩，面相饱满，浅刻五官，着双领下垂式袈裟，手结禅定印，结跏趺坐于佛台之上。两侧有阿难、迦叶尊者侍立，身高低于主尊。三尊造像雕凿精细，形象丰满，气质端严，佛身均用金箔贴体。

1949年后，殿宇渐毁，今址复建有殿宇一间，接续古刹香火。遗址尚存题刻两处，有文字可识。

《同结善缘》题刻高0.62米，宽0.46米，因题刻表层风化起层，仅有数字可识如下：

建修大殿□心同……日月乾坤……李亨明（功德芳名略）

大清同治十年丁□仲春月廿七日吉旦立

《千古不朽》题刻高 0.67 米，宽 0.50 米，可识文字如下：

此寺清朝之初仅存石岩古佛五尊。本朝李朝选因作领袖募化四方，慈悲修理上下庙宇以及环殿与夫寺中佛像。越数年又募化金数千，修理东西两廊山门二重，亦庶几外观有熠矣。□外观有耀，因思寺无常住不可垂古。李朝选于是出钱五十二千，于岩上四斗充买□□山坝正田，一形坎上顺塝□田，二形载粮三亩承受二分，同在李朝选户内输纳，永作常住，以垂万年世代子孙不□，别生异言，后有□其亦□之苦心也夫。乾隆五十六年立望夏四月李朝选题。

“千古不朽”题刻拓片

“同结善缘”题刻拓片

玉溪寺

玉溪寺，位于长寿区万顺镇万顺村 3 组，始建于清。寺院遗址在万顺场西北 4 里的院子村玉溪河东侧，距韩林寺约 400 米。

清乾隆丙戌岁（1766），里境信士合议韩林寺地势狭小，遂在玉溪河侧觅址新修寺宇，以为焚献之所。一宣布间，各方善信踊跃喜舍，共襄盛举，乃拓宽寺地，剪荆燃棘，起立钟楼、宝殿，越三年而成。寺前开石池一所，计深丈余，内种莲藕菱芡，养蓄游鱼千数。复于寺旁左右，植松柏千余株，蓊郁荫翳，真释氏清净道场之境也。

民国年间，寺宇存三重殿宇，依丰都鬼城建筑布局，设逮捕、羁押、庭审、判决、教化等功用于一炉的“阴曹地府”，规模宏大。民间相传，人过世后，先由黑白无常押送至玉溪府受审后，再押解到丰都鬼城复审定案发落惩处。

整座建筑坐南向北，由低到高，石梯相连，错落有序。前为山门，造型稳重敦实，门楣上镌“玉溪府”三个遒劲大字，两侧门柱镌联曰：“堪不破生死大关头，至此轮回都是劫；认得清人禽真种子，尔无福命莫祈神。”

进而为戏楼，再进为城隍殿。殿中神台塑一尊城隍菩萨，两侧以判官、牛头、马面相侍，其下设四个威风凛凛、手执戒板的差役。殿门镌联曰“做个好人，心正身安魂梦稳；行些善事，天知地知鬼神钦”，殿门正中上方悬“惩恶扬善”金字额匾。

城隍殿两侧设十二殿，每边四间，每间设三殿。左为阎罗殿、五官殿、宋帝殿、楚江殿、秦广殿、南岳殿；右为卞城殿、泰山殿、平都殿、都市殿、转轮殿、东岳殿。十二殿两侧，左边是赏善行台，右边是罚罪行台。

过城隍殿后上五步台阶，进而为二楼的玉皇楼，殿门镌联曰：“谁云不可阶升入此门便通帝阙；仰见无穷主极居其所即是天枢。”底楼塑一尊阴天子像，身后置“天子娘娘”像，阴天子两旁以“六功曹”（即地府文臣武将）像相侍。二楼塑有玉皇神像供奉，相传旧时，此像的手、足皆由黄金铸就。

城隍殿前有水井一口，以前四季不涸，每日或热或温或冷，周而复始，相传为陈抟老祖炼丹取水处。20 世纪 90 年代初，古井干涸，殊为可惜。

玉溪府山门外东侧建有望乡台，入门处有联悬于上，曰：“秉公为美理所应当久留人间；贪心造孽为何不可早离阳世。”

1949 年代，万顺中心校设于寺内，后迁出。2002 年经长寿区政府批准，重修开放玉溪府为佛教道场，经四众善信募资，逐渐恢复重建了城隍殿、地藏殿、药师殿、十二殿等殿堂，玉溪古寺，法音再起。

玉溪寺山门拓片

晓峰寺

晓峰寺，位于长寿区万顺镇大石村 1 组，始建年代不详。古寺遗址原在据万顺场西约二里的蔡塘湾，面向猪槽塘。

其址山幽溪深，林木葱郁，地僻而尘嚣不到，花香而禽鸟和鸣，洵为高僧习静之地。相传明时有里人，幼入缁流，长勤梵业，后削发卓锡于斯。建法堂，东西两廊，塑装三圣金像、天龙八部、观音、地藏、玉皇诸圣于殿内，凡瓢、笠、杖、钟、磬，无不毕备。又增置田亩，以衣食沙弥。明季末，寺毁于兵燹。清嘉庆年间，有善信发大愿，重修梵刹，自捐金资，构建前后殿阁经楼，左右翼以楹榭，上下饰以丹铅，一切壮丽，功倍往昔。

据村民秦应培回忆，民国年间，尚有殿宇三重，规模宏敞。山门有联："上岭有奇观，千点花飞千点雨；晓峰多异景，一重云锁一重门"。大殿为寺院主体建筑，明间内供奉有三尊石雕大佛，高及屋顶，中为结跏趺而坐手持禅定印的释迦佛，左次为手持灵芝的药师琉璃光佛，右边是手托宝塔的阿弥陀佛，三尊大佛精雕细凿，鎏金上彩，尽显庄严法相。殿门有联云："大智慧所居，看他翠竹黄花，顿明佛性；小蓬莱在望，羡此洞天福地，好悟禅机。"

寺内有清同治三年铸铁钟一口，重逾千斤，音色洪亮。1928 年，设义学于寺内，广收贫寒子弟。

1949 年后，殿宇被大队办公室占用。20 世纪 70 年代末，因修建大洪湖水库，寺址被水淹，今已无迹可寻。

云华寺

云华寺，位于长寿区万顺镇普新村1组，始建年代不详。寺院遗址在云华山巅，坐东向西，依山而建。其址前拱蓝田岩，背枕雷家大湾，南界大堡岭，北界学堂堡。四周山势逶迤，诸峰群起群伏。

相传寺地旧有古刹，昔日耸翠流丹，备极壮丽。后世几经劫火，累被摧残。迨至清光绪年间，殿宇榱栋崩折，风日不蔽。观音殿圮，鞠为茂草；古佛堂颓，歘彼晨风，极目荒凉。清光绪十四年（1888），有里中诸善，协谋重建。远近士民各出布帛钱谷，鸠工庀材，因得梵宇一新。虽其规制未较前代何如然，而华椽跃凤，鳞瓦铺鸳，苔径无尘，飞翚如画，宛然复留。又以焚献无资，每逢圣诞，香灯冷落，有众信三十一人出苞谷一石五斗五升，出售锱铢，自会内取息承办，连年庆祝。

民国年间，寺宇尚存四合院式木质建筑。进山门左右为钟鼓楼，中轴线上第一殿为关圣殿，奉关圣帝君，两旁列风伯雨师、雷公电母。东西配殿是文昌殿与灵官殿，殿内祀木雕神像数十尊，皆通身贴金，雕工精美，其相貌端俊，姿态各异。第二进院落宽大方正，上七步台阶为观音殿。殿内佛座采用镂空木雕，饰以人物花卉图案，雕工细腻，内容多与佛教故事有关，人物花卉活灵活现。殿门镌联曰：“何处此身容入座；与君相见有前缘。空色色空空即色；有无无有有还无。”东西各建配殿三间，为客堂及僧寮。

1949年后，殿宇废弛。今址已为荆榛所没，古迹难寻。

千江寺

千江寺，位于长寿区万顺镇万顺场西七里的千江村2组，始建年代不详。寺院遗址在和尚堡山腰处，坐东向西，依山而建，面向斑竹林湾。其址为修竹茂林所遮，浓荫蔽景，景极幽邃。寺前远眺，山势连绵，拥翠而下，北望城阛，万井毕呈，蔚为壮观。

据村民潘室为回忆，千江寺原为里境晏子寺角庙，民国年间，尚有僧觉智、银珍等五人住锡于此。昔有殿宇二十余间，四合院布局，供有神佛塑像五十余尊，主祀观音。大雄宝殿有联云：“法眼精明，香园天花开胜境；佛光掩映，长松乡田草荫慈云。”寺内观音殿内原供有木身观音坐莲像，高约三尺，头戴如意冠，肩臂有帔帛缠绕，着长裙，双手抱左膝，半跏趺坐于瑞兽之上。面相方圆，长目半睁，形貌优美，为不可多见的佛像精品，毁于“破四旧”时期。

1927年，因雷击起火，川主殿被焚。乡中众善捐资募化重修，又补塑川主神像，再施田业一契，作川主会香灯之资。

逢每年六月十九做会，并请有戏班唱戏酬神。戏班演出除已固定的剧目外，还有请来赴会的舵把子（袍哥）、耆老、士绅等点折子戏演出，通称晒戏和点戏。

1949年后，殿宇改作村小，寺僧还俗远离。20世纪70年代末，学校搬迁后，殿宇被拆毁，遗址现已荒芜。

据寺西侧约里许，兀立一峰，高可千尺，绿竹依稀，疏树绕寺，此地有晏子寺遗址，为乡人祭祀晏渊所建，初为祠堂，后为寺地。光绪《长寿县志》载：“县西七十里晏子山下，前临玉溪，宋儒谯定、晏渊讲学于此，今有祠。一云，即渊宅故址。”

明朝正统十一年（1446），长寿县教谕朱经《重修庙学记》载：“乐温乃圣师眷顾之地，故昔多文人达士，谯君最其尤者，中朝士大夫靡不加敬，至刘元诚谓不意穹壤之间而有兹人。其次则若北岩燮渊，受学考亭得圣人不传之妙。”

史载燮渊少从李焘游学，而平生好《易》，对于“古今易学靡不研究”。听说朱熹易学“深得羲、文、周、孔之奥”，燮渊乃于绍熙四年（1193）夏天“万里往考亭而师”朱熹。当年十二月朱熹除知潭州、荆湖南路安抚使，讲学于长沙岳麓书院，燮渊也随同前往，侍学左右，前后“越三年，尽得其说以归”。

燮渊归乡后，著书立说，讲授门徒，开一方文脉之先。燮渊过世后，乡人建祠以祀。民间流传“三月三，朝燮子寺”的民谚，凡正月初一和旧历三月初三上巳节，到燮子寺祭祀朝拜。

1949 年后，寺宇渐毁，今址尚有遗迹可寻。

燕山寺

燕山寺，位于长寿区万顺镇四重村 3 组燕子山巅，坐东向西，依山而建，始建年代不详。其地崇冈峭壁，岭峰挺秀，而目之所纵，大洪河由北而南环绕而过。

古刹历年久远，不知所创。据村民郑春华回忆，民国年间，寺宇尚存四合院式布局的二进院落，殿宇宏敞，布局精巧。原有山门、天王殿、观音殿、文殊殿等建筑，整座寺宇殿阁齐备，奇花异草点缀其间，环境清静雅致，景极幽邃。山门开设在天王殿的中央开间，门上起二层楼阁，上覆歇山式屋顶，屋檐下的梁枋上满布木雕，四个屋角高高翘起，直冲云天，把一座山门装扮得极富韵味。

昔日寺内奉有神佛塑像百余尊，造型规范，比例匀称，刻工精到，如佛祖、观音、文殊、普贤、地藏等。据村民所忆，旧时观音殿内供奉有石雕十八罗汉像，造型饱满圆润，工艺精微谨严，形态各异却排列整齐。有的弓膝散坐，双手捧物；有的垂手侍立，讷然面壁；有的双手合十，结跏趺坐于多层莲台上静心参禅；还有的舒胸展臂，其势若劈空而起，奋发矫厉。毁于“破四旧”时期。

乡中旧俗，每岁“三月三，朝燕子山”。是日，四境的善信居士齐赴寺宇拜佛祈祷，寺内外香烟缭绕，钟磬喧天，热闹非同寻常，远近皆闻。古寺庙会的来源已经无从考证，有民间传说是王母娘娘开蟠桃会的日子，亦有说是纪念伏羲的日子，或是黄帝的诞辰等等，众说纷纭。

1949 年后，殿宇为乡民借居，建筑逐年被毁。今址已无遗迹可寻。

龙洞寺

龙洞寺，位于长寿区万顺镇万花村5组，始建年代不详。故寺遗址在万顺场北三里许的刘家岩，坐北向南，依山而建。昔有殿堂二重，木质建筑，奉释迦佛祖、玉皇圣像为主尊，旧有僧二人住锡于此。

据村民刘广全讲述，正殿内原有一口八百多斤的大钟，悬于佛台右侧，钟声清脆悦耳，方圆百里可闻。相传清同治年间，因刘家岩滑坡，古寺由山巅迁往山麓重修。寺庙建好后，万事俱备，只差一口大钟，于是住持派弟子到千家万户去募化铜钱铸钟。徒僧下山后，在万顺场遇有一乞丐施一文铜钱，徒僧嫌钱少，于是把一文铜钱扔在路边水沟里。后来请来铁匠铸钟，熔铜成水，铸大钟反复几次，钟面始终通着一个小洞，形如铜钱大小。铁匠不得其法，告之住持。遂遍召弟子问询，徒僧方忆起路遇一乞丐施一文铜钱因嫌少而扔入路边。住持速令其找回，铁匠又重新熔铜铸钟，方大功告成，众人始悟乞丐乃观世音菩萨的化身。有乡绅闻此异迹，乃撰联悬于观音殿："果有因，因有果，有果有因，种甚因结甚果；心即佛，佛即心，即心即佛，欲求佛先求心。"

1949年后，殿宇被乡民占用。经逐年改造，早失旧貌，今址已无遗迹可寻。

滩坝寺

滩坝寺，位于长寿区万顺镇万顺村5组，始建年代不详。古寺遗址在万顺场东南三里御临河猫头滩，坐东南向西北，临河而建。

相传元明之际，岁时祷旱于此，中置浮屠道院，名曰“川主殿”，岁久倾圮，遗址尚存。清光绪年间，有邑绅捐资以复之，因寺临河滩，故以滩坝寺而名。又招僧住锡，朝夕焚檀燃蜡，香火始兴。

民国年间，寺宇尚存四合院式木质建筑，占地约800平方米。庙前有一对石狮，左雌右雄，石狮两侧有两根高大灯杆，夹在石制的灯杆座内，每逢黄昏时分，寺僧将油灯升至灯杆顶上。据说灯光普照之处，皆能四时平安。

相传以前寺庙香火鼎盛，每逢春夏干旱，要把一尊木雕的“川主”金身抬放在庙内空坝上让烈日暴晒，以触神怒，神即会驱水怪兴风作浪，掀云下雨。每岁农历的六月二十四日，乡民有祭祀川主的习俗，到滩坝寺焚香祈雨、玩水巴龙为乡中旧俗，几百年来绵延不绝。

寺前有兴让桥造桥碑，前清举人蔡道型撰文，兹录于下：

场东南三里，长七十五丈，桥下即猫头滩，波浪汹涌。猫头滩之又桥旧矣，其如何改造之处，具载余募捐序中，犹履经费之繁与工料之不易购也。无何捐金注簿，俱属奇缘。取石开山，若出天幸，未及观成，而余已迫汶川任限期矣。又六阅月，伻来问序及桥名，伏维南人好文，北人好武，山气多男，泽气多女，此地气然也。

猫头滩为近市沃饶之地，山之簇排争立者，垒垒如争座位；水之激石喧涛者，汹汹有争让声。以故此乡之人，其父兄皆悯艰难，其子弟亦爱土物，而鼠牙雀角，转相效尤，沿为健讼之习，非训行之不率，亦地气然也。斯桥之成，广可容车，盈不濡轨。举百年来，待兴之利，至今日而始。臻荡平将，人事既起而地气因之。行见耕者，让畔行者。让蹐亲逊，我俗户可封，当与吾乡之人共庆之。夫让者争之反也，因以让题桥云。

民国后期，因庙产兴学之故，设学堂于寺内，寺僧遂远离。20世纪50年代，殿宇改为粮仓。1958年，修建大洪河电站后，寺宇被水淹。今址已无迹可寻。

三教寺

三教寺，位于长寿区万顺镇万顺村 7 组，始建年代不详。寺院遗址在万顺场东约十五里五云山麓，坐西向东，依山而建。

相传寺宇为清同治年间，里境善信郑、陈二姓领修，建立殿宇、莲座，绘祀罗汉、诸天神。后有邑人许氏施产业一契，计地租两石，以为香火之资。清末，古刹已为比丘尼住锡道场。清宣统年间，有邑绅张氏募置地租四石，以备川主会之资。

据村民周万珍回忆，民国年间，因庙产兴学之故，寺院庙产提尽办学，又设初级学堂于寺内。尚有上下殿、两厢等殿舍 11 间，塑像 60 余尊，主祀释迦、老子、孔圣三教之主。1928 年，因白蚁将下殿楼柱蚀空，崩塌悬于眉睫，有善信李氏等捐钱二百串，募化重修，并补塑地藏、文殊金身。

昔日寺宇山门有联云：“松涛声，海涛声，声声相应；天中月，水中月，月月齐明。”大殿镌联云：“何处寻洞天福地，在兹即福地神仙；贝叶经中无俗气；昙花卷里有神机。”大殿内金柱尚有联云：“宁割股，宁舍身，宁利他，能成忠孝能成佛；倡敦伦，倡善性，倡正果，即是圣贤即是仙。”

1949 年后，殿宇初为民居，后为大队办公室使用至今。庙内高径尺的两个铁钟和高丈五的铁化钱炉毁于 20 世纪 50 年代。遗址现为荆棘所湮，原建筑格局不存。

寺址东侧崖壁上有题刻一处，因岁久漫漶，仅有“同治六年丁卯岁”数字可识。

黎家寺

黎家寺，位于长寿区万顺镇万顺村 10 组，始建年代不详。寺院遗址在万顺场西约八里傅家湾岗山间，前拱庙梁子，坐东北向西南，依山而建。

相传清道光年间，有郡人黎氏者，宦游京邸数载，暮年以后，栖迟林下，息心禅阅，避迹西山。自捐资帛，储蓄材木鸠工，构建佛寺。建前后殿阁、左右廊庑、僧寮、香积种种完备，凡瓢、笠、杖、钟、磬，无不具足，俨然禅人衲子之所为者。又置敬田净地，以为香火之资。

据村民郑碧珍讲述，民国年间，尚存殿宇十余间，时有寺僧许大光住寺护持道场。乡中旧俗，每岁三月办会，七日而止。是日，庶民结伙进香，会首鸣金号众，众率之，其后有唱吹弹鼓以赴。又以持旗幢者十，绣旗丹旐各十，青黄皂绣盖各十，相随。亦有拜者，顶大士像，步一拜，数日止。

1949 年后，殿宇废弛。“破四旧”时期，寺中法器、法物悉数被毁。遗址现已辟为田地，古迹无存。

据遗址东侧约 50 米处，发现有柱础石一件，为寺院旧物，其为砂岩质，高 0.80 米，宽 0.50 米，圆柱体。

无粮寺

无粮寺，位于长寿区万顺镇与四川邻水县黎家乡光明大队交界处大洪湖畔，始建年代不详。据民国《长寿县志》载："无粮寺，场西北五里，相传明建文帝遁此免寺粮故名寺，侧有雪庵和尚墓。"

寺址在御封山麓，大洪湖畔，坐南向北，依山而建。其地林木蓊郁，草莽蓁茂，松声鹤唳，身处其间，即有清静之心，叹为天然出尘之境。

相传里境旧有古刹观音寺，不知创自何时，时有殿宇三楹，僧众二人住锡于此，晨钟暮鼓，侍奉香灯。

据传，明永乐三年（1405）建文帝在"靖难之役"后流落巴蜀间，与翰林院编修陈济中游历至邻邑善庆里，晤隐居老家单家坝的旧臣杜景贤，并居此。

时建文帝以僧伽面目示人，久居学堂沟杜景贤处，日久恐人见疑。杜景贤遂捐资重修观音寺，暂作帝居，并兼纳诸亡臣。初建上下殿，次年造两廊后殿，凡堂廊、阶梯、梵宇、禅房之址，森然星列，越岁告竣。

其时观音寺仅有薄田五石，被乡邑杨、李豪绅霸占，香灯难以为继，年年无法缴纳公粮。建文帝到寺后，主持僧性参禀报实情，建文帝遂题额匾"无粮寺"悬于山门，并诰封寺业田地免纳田赋。从此，无粮寺免缴公粮，杨、李二绅亦退回庙产。

为护佑文帝，随臣叶希贤亦祝发于寺中，号"雪庵和尚"。

相传建文帝初至无粮寺时，住持僧性参命小和尚应慧主厨，烹菠菜煮豆腐为帝膳食，帝问菜名，性参答曰："红嘴绿鹦哥配清香白玉饭。"帝大悦，即唤性参招应慧拜见，并纳为义子。数年后应慧圆寂，葬在寺侧，后人讹称为"太子坟"。

建文帝隐遁无粮寺后，常与杜景贤、叶希贤往来邻邑白龙山、松柏滩游观为乐。为怀念祖父洪武帝，将寺东侧一河取名大洪河，一场命名万顺场，将寺西一河改名御临河，延续至今，引以为喻。

建文帝卓锡无粮寺期间，曾在至万顺与邻水（明时属巴县辖区）接壤处的一剑泉访杜景贤（居巴县之善衣里，读书慕道，隐遁不仕）时题咏二首诗云：

诗（一）

靖难旌旗下石头，鼎湖龙起去悠悠。
江山敝屣空遗恨，蜀道蒙尘怅远游。
宝剑泉中埋万古，清风亭畔泣千秋。
羁魂应逐东流水，偏绕吴门哭首丘。

诗（二）

强藩兵骤拥，黄幄竟蒙尘。
燕啄黄孙尽，龙髯帝子终。
泉中藏宝剑，亭畔尚清风。
更有伤心者，夔门哭塞翁。

明永乐六年（1408），明成祖朱棣差胡蛍、郑和在云贵间追踪建文帝行踪，又兼诸亡臣纷纷潜至无粮寺隐匿，帝恐泄其踪迹，遂另觅居处。

永乐八年（1410），建文帝离开无粮寺时泣嘱旧臣："今后勿再来。道路一阻修，二难关津盘诘，况我安居，不必虑也。"并在寺壁题诗曰："流落西南四十秋，归时不觉雪满头。乾坤有恨家何在，江汉无情水自流。长乐堂中云影暗，昭阳殿里雨声愁。新蒲细柳为谁绿，野老吞声哭未休。"

建文帝离开无粮寺后，留雪庵和尚于寺中常住，并赐玉环一枚，千佛袈裟一领。雪庵和尚常睹物思人，每至心气郁结，夜不能寐。一日，游历至万顺场时，有乡民赠送金黄色皱皮柑橘，雪庵和尚即吟《白龙洞皱眉柑》一首，诗以感怀："弃却春光独爱秋，至今不改皱眉头。主人若把金刀割，点点酸心对客流。"

永乐十年（1412）四月雪庵和尚圆寂，众僧于寺侧建"雪庵塔"以葬之。清康熙长寿贡生余少珍曾游无粮寺，拜雪庵塔，题有《御封山吊雪庵和尚》诗：

御封山顶植松柏，老干苍枝映庙宅。
徐行缓步见坟丘，残碑没字苔藓碧。
上有石塔呀佳城，参天倒影数千尺。
植杖藉问瘗者谁，雪庵和尚留古迹。
明季有君号建文，郭公扈跸避兵氛。
孱王返辔臣僧死，后代诬传太子坟。
建庙经营仰杜公，剩有名碑气吐虹。
梵响敲团朝露白，钟声惊落晚霞红。
内存雪庵图一幅，一回展示一回哭。
不画紫袍画缁衣，瞑目参禅一老秃。
至今屈指三百年，墓木拱成蝼蚁屋。
我来胜地读离骚，对佛焚香虔心祝。
不愿忠魂何所归，惟愿忠魂归天竺。

民国年间，寺宇尚有殿宇三进，僧众十数人住锡于此，常有邑境五佛寺、燕山寺高僧到寺内焚香祝圣、禅座诵经。整座建筑依山随势，依岩而筑，循石阶而上，依次有三重殿堂，下殿正中神台供刘、关、张神像，沿山墙亦砌神台，供六畜菩萨等塑像，殿门有联曰：“兄玄德，弟翼德，擒庞德，纵孟德，志德千秋，千秋志德；生蒲州，事豫州，守荆州，战徐州，神州万古，万古神州。”

进而为天王殿，七宝严饰，檐牙相望，金碧交辉。殿内正中供一尊石雕弥勒佛像，两侧以四大天王相侍，殿门镌联：“大大肚，能容万物；微微笑，看破群生。”弥勒佛像身后以木质廊心墙相隔，墙后供一尊泥塑韦陀菩萨，手持降魔金刚宝杵，正对大殿。后檐墙开有券门，亦镌联于上：“浩大功勋，手执玉杵，降伏四魔护佛法；聪明正直，身披铠甲，感化三界尽皈依。”

出天王殿券门，拾三十六级台阶而上，为上殿，为重檐歇山式殿堂，二层楼阁，飞檐翘角，青瓦覆顶，古朴大方，雄伟壮观。殿门有联曰：“苦海无边，作恶者恶当恶报；回头是岸，行善人善得善终。”

殿内居中为结跏趺坐于莲台的释迦佛，两侧以十八罗汉相侍。二层楼阁殿内则配以木雕二十四天尊，鎏金上彩，生动逼真。外柱及内柱各一周，四

面勾栏围护，供人凭眺。

1961年3月25日，无粮寺先是为冰雹所击，栋宇倾塌，又遭大火，寺宇尽毁，里境今尚有民谚“火烧无粮寺，雨打斗篷石”，概述无粮寺之始终。20世纪90年代，有善信募资在寺地重修殿宇，接续古刹香火。

韩林寺

韩林寺，位于长寿区万顺镇万顺场西北四里院子村 1 组，始建年代不详。相传寺宇是为了纪念元末农民起义红巾军首领韩林儿（？ –1366）所建。

元末，韩林儿之父韩山童以白莲教组织群众起义，后韩山童牺牲，韩林儿随母逃至河北武安。元至正十五年（1355），刘福通等迎韩林儿至安徽亳州，立为帝，称为小明王，国号宋，年号龙凤。

龙凤九年，韩林儿被朱元璋裹挟至滁州。后被朱元璋以迎府应天（今南京市）为名，使廖永忠沉于瓜州（今江苏扬州南）江中。后朱元璋欲诛杀韩林儿所属部将，有侍卫闻声先遁，逃至长寿万顺境域隐匿。后捐资建寺，剃度于寺中，以僧伽面目示人。

民国年间，寺宇尚存四合院式木质建筑，占地约 600 平方米。上殿排列五间房舍，两侧各有配殿三间，正殿高大堂皇，飞檐翘角，雕梁画栋。殿内供有西方三圣像，配殿奉观音、药王、地藏、文昌诸像。上殿与下殿之间有甬路相连，下殿为忠义殿，供奉韩林儿木雕神像。殿门有联曰："做个好人，心正身安魂梦稳；行些善事，天知地晓鬼神钦。太子舍身，道享青牛身万出；韩林作寺，名由驸马寺千秋。"

民国年间，因庙产兴学之故，长寿县知事唐我祈开办有两所公立高等小学，其中一所即设址于韩林寺内，首任校长为李贞科，后改为万顺中心校。

1949 年后，学校迁出，殿宇为乡民所占，建筑逐年被毁，今址仅存上殿基址。台基高 0.88 米，长 20 米，用青石垒砌。上殿遗址面阔 13.6 米，进深约 10.3 米，由明间和两次间组成，各间以柱洞分开。

【新市镇】

独居寺

独居寺，位于长寿区新市镇堰河石井村6组，始建年代不详。古寺遗址在村东隅寨门湾岗之巅，坐东北向西南，依山而建。旧有殿宇五间，主祀观音。道光十八年（1838）有首士蒋世荣等募化创修，光绪三年有善信蒋瑞青等募化装塑金身，勒石为龛，承修普陀。1941年又重修殿宇九间，塑像十余尊。遗址现存有碑刻二通，已风化漫漶。

碑一，此碑高0.46米，宽0.91米，厚0.22米。垒砌于神台之下，碑刻呈长方形，碑文从右到左竖刻，凡12行楷书，碑身漫漶，可识文字如下：

盖闻

□□□原，从木有□单斯不成成绵独……

……境□然焉，不特予朔望日为入……

寸心□□□□地朝贺灵应□孰不……

心哉。

言及修菩萨，散簿同心募化四方□序于……

吉日此举诚善也。但非数千金不能成功……

好善，不吝锱铢，共襄厥成。积善必庆，修德必……

理断然不爽，谨序。

蒋新焕出钱式串正

蒋瑞青、蒋新文、蒋新钥、蒋世统、蒋世江、蒋熙奇

（功德芳名略）

皇清光绪三年季秋月朔□月

碑二，此碑高0.48米，宽0.92米，厚0.21米。垒砌于神台之下，碑身布满苔藓，碑刻呈长方形，碑文从右到左竖刻，凡7行楷书，碑身漫漶，可

识文字如下：

观音大……

观音金身……来朝谒……

……于有□□□寿于无疆矣……

……志不朽云……

……蒋世安题

陈正川、蒋世荣、易兴发、易兴旺……

大清道光十八年……

独居寺题刻拓片

惠民寺

惠民寺，亦名杨市庙，位于长寿区新市镇红土地村 3 组，始建年代不详。寺院遗址在寨门湾岗之麓，坐东南向西北，依山而建。其地后枕罗围山，偏岩子辅其左，农家沟翼其右，前与天台寨相接。斯境常有白云舒卷，翠鹤翔归之趣；松韵风清，兰芝馨芳之景，诚为天府之祇园福地。

据村民赵素清讲述，相传清时，有里人杨氏，世嗜教法，率族人割地周围一里许，施舍为寺，顶建丛林。初造观音殿、东西两廊、川主殿、山门海漫，丹墀梯道。越明年，又修大佛殿，并创阁以贮佛经，饰诸尊者像，庄严妙丽。

民国年间，尚有殿宇三进，中轴线南北贯穿，梯次上升。前有山门、忠武殿，后有弥勒、大佛殿，左右有寮，寮后有庑。并法堂、禅室、庖库、圊湢，凡制所宜有者，罔不毕具。每岁正月初九，传为庙会之期，祈禳祷祝、探奇览胜者，摩肩接踵，川流不息，十方归敬。

1949 年后，寺宇废弛，殿宇改建为小学校址。今址荒芜，古迹无存。

惠民寺拓片

滴水庙

滴水庙，位于长寿区新市镇堰耳沱村2组，始建年代不详。寺院遗址在村西隅太平寺梁子之麓，坐南向北，依山而建，面向柴林湾。相传明时有里人，幼入缁流，长勤梵业，后削发卓锡于斯。建法堂、东西两廊，塑装三圣金像、天龙八部、观音、地藏、玉皇诸圣于殿内，凡瓢、笠、杖、钟、磬，无不毕备。又增置田亩，以衣食沙弥，世保焚献无替。后寺毁于兵燹，仅存基址。清嘉庆年间，有善信发大愿，重修梵刹，自捐金资，构建前后殿阁经楼，左右翼以楹榭，上下饰以丹铅，一切壮丽，功倍往昔。

民国年间，因庙产兴学渐起，寺产被提留公用，古庙已显颓势。时仅存殿堂一间，礼观音大士为主尊，并奉药王、川主、牛王等神祇泥塑像。有何光扬老居士住庙护持道场，尚有地租二石，岁收谷作衣单香火之费。逢初一、十五组织附近乡民到寺庙里吃斋念佛。遇佛诞节日在寺中置办素筵，款待到此拜佛的信众，但规模已不如昔。

1949年后，殿宇废弛。今址已为草木所覆，古迹无存。

多棱寺

多棱寺，位于长寿区新市镇堰河石井村 3 组，始建年代不详。寺址在石塔湾岗之麓，坐南向北，依山而建。其址左有韩家湾之清幽，右有木鱼堡之壮丽，寺后旧有泉洞，历灌寺前道湾之田。

相传古寺创于明季，不知兴废几度。清嘉庆年间，有比丘僧重建法堂、东西两廊，塑装三身金像、八部天龙、观音、龙神，并竖立钟楼、鼓楼，庶不负名寺之称，亦不负檀信檀越之望也。

民国年间，尚存四合院式木质建筑，有正殿五间。明间佛台上泥塑的释迦佛结跏趺而坐，二弟子迦叶和阿难侍立于两旁，两侧及后壁有塑壁，四大天王和二十四诸天造像立于其上。次间分奉有石雕的观音菩萨和川主神像，两侧神台上供有泥塑十八罗汉神像，风格写实，或坐，或蹲，或打坐，或补衣，或拄杖，千姿百态，栩栩如生。整座建筑飞檐画栋，雕梁翘角，小巧玲珑，显得十分古朴雅致。

1949 年后，殿宇为乡民借居。遗址现已为良田所覆，原建筑格局不存。

花柳寺

花柳寺，亦名华严庵，位于长寿区新市镇堰耳沱村 7 组，始建于清同治四年。古庙历今已有百余年，寺侧旧有江氏宗祠。源自于明洪武年间，里境江氏先祖江德新公，由湖广麻城县船漕溪入蜀之长寿新市场境落业，派衍七房，子继孙承，人丁繁盛。嗣后，族众聚议，建修寺宇，并立祠庙，隆祀祖先。昔日祠庙殿廊俱备，山门钟楼，库舍斋厨，无所不备，使荒芜之地化为宝坊，邑境未尝有过。

寺宇有三重殿堂，各类配殿、阁、堂共计七十余间。各殿、阁、亭、堂、房、池、井均以回廊相衔，融于一体。整座寺宇幢幡照野，梵呗鸣空；沉檀之气，上腾紫霄；瞻礼之诚，远通兜率。

大殿是整个寺宇的核心建筑，雕栏画栋，气势雄伟。殿内佛台供释迦佛石刻塑像，高约 3 米，慈悲肃穆，妙庄祥和。进寺朝圣的甬道，全用青石板铺就。每逢佛诞会期，士女信士进香纷至沓来，肩摩于道，漫山遍野，有“新市小九华”之称，妙相庄严，气宇宏伟，煞为壮观。

民国年间，设学堂于寺内，贫寒子弟皆免费入学，名闻乡邑。1949 年后，学校就地改建使用，后为民居使用至今。今尚存上下殿基址，然建筑已失旧貌。上殿基址进深 8.5 米，面阔 17.6 米，台基高 1.53 米，存 8 级台阶，宽 1.6 米。基址上有建筑三间，墙体已改动，后檐墙上嵌砌有残碑一截，可识有“□□二十一季□□□”数字。下殿基址上建有现代民居，难窥旧貌。

上 庙

上庙，亦名文庙，位于长寿区新市镇堰耳沱村 2 组，始建年代不详，今址为新市镇中心校址。据村民周浩然回忆，旧时新市场中有寺观多座，而以文庙规模最甚。民国年间，寺院尚存有四合院布局的木质建筑，有寺僧一人住持道场。昔日殿宇巍峨，金像庄严。原有山门、牌楼、戏楼、上下殿等建筑，占地约 600 平方米。进山门后有一石砌牌楼，高约二丈，上面雕饰双狮、丹凤、吉祥云纹等各种精美浮雕图案，正中凿“文昌宫”竖匾。上殿奉释迦、孔子、老子圣像，下殿供文昌帝君、黑神、药王等神像。整个建筑造型宏大，气宇轩昂，雕镂精湛。每逢初一、十五时，新市、渡舟附近的乡民前来拜祭文昌公。

民国年间，设学堂于寺内，教书育人。1949 年后，寺宇废弛。殿舍初改为粮库使用，后仍设学校于寺内。遗址现为现代建筑所覆，原建筑格局不存。

王家寺

王家寺，位于长寿区新市镇新同村1组，始建年代不详。相传清同治年间，有里人王氏率族众由湖北麻城迁此定居，买田置业修祠建庙。据村民张永柱回忆，旧时的王家庙是典型的四合院式木质建筑，坐南朝北，占地约六百平方米。有殿堂、厢房、僧寮、经堂、禅堂等建筑，功能样样齐全，是完整的寺院建筑群，有丛林风范。殿内供有释迦佛、观音、地藏、二郎神、灵官等石雕神佛塑像，造型生动古朴，栩栩如生。

据村民周海臣讲述，昔日到此求神拜佛的信士络绎不绝，兴盛时一天达数百人。每逢初一、十五，寺庙灯火通明，如同白昼。遇有佛诞会期，乡间会首募资延请戏班演出，热闹至极，这样一直持续了百余年。民国年间，尚有僧尼惠承、戒法等四人住锡于此，晨钟暮鼓，护持道场。

民国年间曾设义学于此，村中贫寒子弟皆免费入读。1949年后，殿宇废弛，改建为新同村小学。今址已荒废，古迹无存。

下 庙

下庙，亦名武庙，位于长寿区新市镇堰耳沱村 2 组，始建年代不详。相传在清初“湖广填四川”时，有湖北麻城徐氏携妻带子，扶老携幼，经艰苦跋涉来到里境觅址落业，夫妻俩披荆斩棘、开荒种田，过着男耕女织的生活。徐氏曾自麻城老家携一神牌在新居早晚供奉，上书有“关圣帝君神位”，并养有一猎犬。徐氏故后，神牌被猎犬衔至村东隅庙岗上，卧守不离。乡人遂就地筑一小庵，奉祀神牌，并塑神像，香火渐浓。此后徐氏后裔捐资扩庵为庙，取名为“武庙”。

民国年间，古庙尚存四合院式木质建筑，有戏楼、灵官殿、观音殿、关圣殿等殿舍。殿内所供神佛塑像，形貌俊朗潇洒，神态镇定自若，刻工舒爽，栩栩如生。关圣殿内设大钟、大鼓，两侧山墙上描龙绘凤，题字题词，龙蛇飞动，令人赏心悦目。

每至会期，由会首牵头主办庙会，七日而止。是日，庙内大办流水宴席，还请来戏班开锣唱戏。四境均有虔诚的信徒，前来焚香、卜卦、抽签、诉求平安富贵、及第高中等。寺庙内外人头攒动，川流不息，热闹非凡。

1949 年后，殿宇改建为粮站使用，后拆建为政府办公楼，原建筑格局今已无存。遗址西侧发现有残碑一通，残高 0.34 米，残宽 0.37 米，碑身仅有数字可识为“……同治八年□巳岁”。

玉皇庙

玉皇庙，位于长寿区新市镇长寿寨村 6 组，始建年代不详。寺庙遗址在村北隅寨子坡之麓，坐北向南，依山而建。

相传古寺创自明季，兴于清中期，初为道观，民国年间又为菩提道场。昔有殿宇三重，前设山门，次观音殿，次大佛殿，次玉皇殿，高卑相因。库院廊庑，轩厅室庖，环列左右，无不整备。洪堂庙宇，巍然焕然，而远近之人，咸赖其庆，宗风可谓百世而不泯也。

据村民赵素清讲述，民国年间古刹犹存，殿宇宏敞，高朗雄丽，时有寺僧二人住锡，铭佩清规，精持禅要，朔旦焚香，同心礼佛，协力经营。1927 年，因大殿圮坏，僧相告于里中巨族陈、孙、徐三氏，欲改而更新之。三氏俱仗义者，遂捐金指廪度地而改作之。重修观音、佛爷二殿、说法香积二堂，前后丹墀，东西两廊，甃石阶级，桥路以至山门，湢浴池亭，凡所阙略，悉皆增置，极其完美。再施灯田六亩，岁收谷百斛，以作观音堂上香火之资。

1949 年后，殿宇初改建为学校使用，后被村民拆毁。遗址现为农田，原建筑格局不存。

张家寺

张家寺，位于长寿区新市镇何石井村 5 组，始建年代不详。寺址后靠天台寺岗，左邻四坎角，右接深天凼，寺前农舍、耕田、果园等历历在目，溪流潺潺，一派田园风光，似诗如画。

寺址位于青山绿水之间。据村民张碧萍讲述，相传古寺为清道光年间，邑中望族张氏捐资创修，院旧址原在杨鹤林岗上，清光绪年间因遭雷击火焚而迁于此处。旧有山门、上下殿等建筑，上殿奉观音菩萨、川主、山王、牛王、药王等神佛塑像，下殿供刘备、关羽、张飞三圣神像。民国年间，尚有寺僧一人住锡，俗姓廖，本乡人氏。每逢初一、十五，来此朝神拜佛的善男信女，达数百之众，盛景极为壮观。

1949 年代，古刹遭蒙劫难，佛像被砸、经卷被焚。遗址现有善信捐资建的殿堂数间，接续古寺香火。

【晏家街道】

断胫山庙

断胫山庙，亦名观音寺，位于长寿区晏家街道龙门村1组，始建年代不详。寺址在断胫山岩咀，坐南向北，依山而建，左界斑竹林岗，右临大岭岗，四周黛山翠岭，林丰草盛，一派田园风光，景色旖旎。

相传真武大帝自秦岭驱山而来，将塞黄草峡为湖，观世音菩萨为普度众生，免生灾难，半夜学公鸡叫止之。真武大帝闻听鸡叫，一怒鞭山，山即止行，此地即名断胫山岩咀。乡人感菩萨好生之德，遂募资在此建寺，名观音寺。昔日寺僧在断胫山顶竖立灯杆，每至夜间，燃灯于杆顶，夜夜灯光闪烁。民谚有谓“定慧钟响（晨），断胫烟灯燃（暮）”，即是此景。

据村民何方全回忆，民国年间，尚存四合院式木质结构建筑，规模宏伟，颇有大丛林景象。沿中轴线布置的山门、戏台、释迦殿、观音殿等殿堂巍然屹立，两侧的关圣殿、药王殿、祖师堂等配殿蔚为壮观。殿内供奉有释迦佛、雷公、火神、送子娘娘、准提观音、川主、关圣等五十多尊木雕佛像，精雕细凿，栩栩如生。观音殿里供奉一尊用樟木雕凿的准提观音像，高约二米，造型优美。圣像头戴化佛宝冠，十八臂三目，胸饰璎珞，身披条帛，衣纹委婉流畅，若迎风飘扬，神态安详静穆，惜毁于“破四旧”时期。昔日山门曾镌有联云：“神功盖世世上又一世，佛法为天天上更有天。”

乡中旧俗，每逢初一、十五，四境的善男信女前往寺庙进香者络绎不绝，遇每岁三、六、九月的观音会，人如潮涌，远至邻水、璧山亦有信众寻来朝拜。

1949年后，寺宇废弛，改作村保管室使用，后售给乡人作民居，今址无存。

何家寺

何家寺，亦称上庙，位于长寿区晏家街道龙门村5组，始建年代不详。寺址在村西隅庙堂湾，坐东向西，面向大沟堡。昔有殿宇二进，占地约400平方米。

相传古寺为清初“湖广填四川”时，落业里境沙溪场之何氏族众募资创建，初为家祠。因族众素有崇佛之习俗，又改建祠堂为庙宇，并招僧住锡，经营香火。

据村民何万全讲述，清光绪年间，古寺已为乡民祈福拜佛之处，尊信者日众，敬崇者日广。1922年时有族中乡耆倡首捐资重建观音殿，大施材木，续修天王殿，并塑接引佛、天王诸像。又砌石台修石径，寺周遍植松柏，置买水田三契，储供万年灯。然后常住庙貌屹然具备，俨然一大观矣。

乡中旧俗，逢每岁的农历三月三日是何家寺的会期，赶会的信众络绎不绝。庙会几天之前，这里就已人声鼎沸，热闹异常，善男信女摩肩接踵而至。三月三日这天，钟声、鼓声更会声荡数里外，鞭炮之声此起彼伏，不绝于耳。

1949年后，寺舍为村民占用，经逐年改扩建，早失旧貌。今址已无迹可寻。

杜家庙

杜家庙，亦名新龙寺，位于长寿区晏家街道沙溪村2组，始建年代不详。寺院遗址在村西隅宝顶坡下，前拱大柏树堡，背枕沟湾，左界冉家冲，坐西向东，依山而建。其址地脉秀丽，山水清奇，嘉木美竹，葱茏荫翳。

相传清初“湖广填四川”时，有杜氏族众由湖北麻城迁来长寿晏家场垦荒置业，历经数代后家族渐旺，遂由族中耆老合议捐资建寺，以培福田庇佑子孙后世。

据村民白任陆回忆，民国年间，尚存有殿宇三进，中轴线上依次设山门、关圣殿、地藏殿、大佛殿等建筑。寺内古木参天，花木繁茂，翠竹掩亭，境极幽邃。大佛殿内佛台上供有石雕阿弥陀佛、观世音菩萨和大势至菩萨塑像，阿弥陀佛高约三米，高肉髻，披袈裟，塑像比例匀称，气韵生动，面目庄严；两侧的观世音菩萨和大势至菩萨均用砂石雕凿，秀骨清相，薄衣贴体，望之即令人生虔诚景仰之心。

寺院自建成以来，每年会期（庙会）不断。而以每年的四月初八日释迦佛圣诞规模最甚，远至涪陵、统景等地亦有信众寻来朝拜，会期长达数日方渐歇。

民国年间，寺宇尚有住持僧佛安、徒法云等三人护持庙宇。逢沙溪场集期，寺僧至场内监督粮油公平交易，每贩皆收定量的粮谷，名谓“打斗口”，以维持焚献之资。

1949年后，殿宇废弛，高速公路从此间经过，原建筑格局不存。

遗址发现有石雕残件，青石质，为寺院旧物。根据雕刻造型及工艺判断为清代遗物，编号D1：1、D1：2、D1：3。

D1：1为神像残件，仅存上半身，青石质，圆雕，残高0.70米，宽0.52米，可识为着对襟长袍。

D1：2为佛像底座，已残缺，青石质，呈椭圆形，残高0.53米，直径0.27

米，阴刻褶皱以示悬裳下垂。

D1: 3 为神像头部残件，残高 0.24 米，宽 0.16 米，可识为幞头帽，面目风化，已无法辨识。

火神庙

火神庙，位于长寿区晏家街道沙溪村5组，始建年代不详。古庙遗址在沙溪场北隅学堂堡下，坐东向西，依山而建。昔为四合院式木质建筑，主祀火神、牛王，亦奉观音、药王、眼光菩萨诸像。

据村民王洪民回忆，相传火神庙建于前清，民国时有一僧人住锡寺内，侍奉香火。寺有两殿，四周用黄泥夯筑墙垣相围。大门开在面西一方，门洞上用砖和灰塑筑成门头，“火神庙”三个楷体大字即镌在门头中央。山门二楼一底，二楼为戏台，雕梁画栋，檐牙高啄。进后为正殿，泥塑的火神、牛王菩萨供奉在殿堂正中，雷神、灵官分列两侧，瞪目露齿，面目威武。进而为戏楼，两侧配殿为观音殿，供奉着观音大士石雕塑像，两侧分列有川主、地母、药王、土主等神像，形态逼真，栩栩如生。

乡中旧俗，每岁十月初一要办牛王会三日，六月二十三日开始办火神会三日。会前发十本缘簿，交会首分头募化。做会时，延请高僧诵经拜忏，求保六畜兴旺，四方安宁。与会者常有百余人，会后就素斋而散会。

寺庙主祀的火神亦称火德真君，以火施化为民造福。民俗中人们祭祀火神，以祈避邪、四季平安、益寿延年。

1949年后，殿宇为民居，又依址建有现代建筑。古迹早毁，现已不存。

观音寺

观音寺，亦称下庙，位于长寿区晏家街道十字村，始建年代不详。寺院遗址在秦家岭下，坐南向北，依山而建。其址左界林麓栖茂的豆油石堡，右临松榅秀蔓的冉家堡，前可远眺马尔堡，黛山翠岭，景极秀丽。

据村民陶古久讲述，相传寺院旧址原在付家滩，又称上庙，清宣统年间因遭雷击火焚而迁于此处，复称下庙。昔日殿宇规模较大，计有屋舍二十余间，凡佛殿、僧堂、法堂、方丈、山门、厨库，寺所当有，无不具备。寺内供有石雕、泥塑佛像五十余尊，精雕细作，栩栩如生。殿宇按中轴东西纵列，逐殿抬升，建筑雕梁画栋，古朴典雅。

村民汪真登回忆，民国年间，古寺尚设有观音殿、关圣殿、玉皇楼等建筑。上殿奉有玉皇泥塑像，中殿奉观音菩萨、川主、山王、牛王等神佛塑像，下殿祀刘备、关羽、张飞三圣神像。时有寺僧寂然等二人住锡于此，每日焚檀燃蜡，祀奉香灯。

1949 年后，寺宇废弛，殿宇初改建为粮库，后又为民居。遗址现已荒芜，古迹难觅。

水口寺

水口寺，亦名李家庙，位于长寿区晏家街道十字村，始建年代不详。相传寺观创修于清，有里境善信李氏，因无子，仅三女。李氏幼即茹素，年长自入玄门，立志修行，提倡募化，捐家业建家庙一座，名水口寺，率三女安然入庙习玄。并将自置田业 50 石，舍入庙内焚献，作为衣单香火之费。

民国年间，尚存四合院布局，木质结构建筑，坐南朝北。整座建筑由门楼、戏楼、两廊、前殿、皇经楼和东西两厢组成。布局严谨，风格凝秀，形式古朴。前殿供释迦佛、观音、罗汉诸像。左右各有一间厢房，为守庙僧人居室和堆放香烛及用膳之处。前后殿之间有一块方形天井。天井中竖一碑，不知何年所镌刻，字迹斑斑驳驳，少有人能识。黄经楼面积大致与前殿相等，却是三层木结构楼房，一楼奉满李氏历代高、曾、远祖牌位，二楼为李氏三姐妹修行居所。

旧有习俗，所有香客乃至护寺人等，进黄经殿须脱鞋脱袜，以示虔诚。民国后期，设学堂于寺内，寺宇渐至凋落。

20 世纪 50 年代后，殿宇仍为学校使用，后改建为学校。遗址现已辟为晏家工业园，古迹无存。

六合寺

六合寺，亦名应合寺，位于长寿区晏家街道石门村 2 组，始建年代不详。寺院遗址在村东隅六合寨内，坐南向北，依山而建。其址前拱小垭口，东踞曹家咀，西临柏树湾。周遭山幽溪深，林木葱郁，地僻而尘嚣不到，花香而禽鸟和鸣，洵为高僧习静之地。

据村民黄德民讲述，相传明时有里人，幼入缁流，长勤梵业，后削发卓锡于斯。建法堂、东西两廊，塑装三圣金像、天龙八部、观音、火神、龙王诸圣于殿内，凡瓢、笠、杖、钟、磬，无不毕备。又增置田亩，以衣食沙弥，世保焚献无替。明季末，寺毁于兵燹。清道光年间，有善信发大愿，重修梵刹，自捐金资，鸠工庀材，构建前后殿阁经楼，左右翼以楹榭，上下饰以丹铅。不数载而成，三殿杰立，瑰伟雄丽，功倍往昔。

村民方永贵回忆，幼时曾听村中长者谈及，旧时大殿山墙一面嵌砌有石碑五通，镌刻于清道光、光绪年间。碑中载："清道光二十二年信士彭氏施钱十千文置买灯田，光绪年间刘谭氏等捐山地一契作香火之资。"

民国年间，古寺尚存正殿两厢，有一僧人住锡。1949 年后殿宇为学校所用。遗址现已荒芜，仅余山门前黄桷树一株，枝繁叶茂，传为建寺时僧众所栽。

石盘寺

石盘寺，位于长寿区晏家街道石盘村 3 组，始建年代不详。寺院遗址在付家塝菩萨湾岩下，坐北向南，倚岩而建。其址前可远眺牛青山，四周山景空蒙，顾盼灵绝，蜃蛤异气，时矗霄汉，盖为息心之胜地。

据村民陈庆选讲述，古刹历年久远，始创无考。民国年间，殿宇尚存，岩壁下搭建有殿宇数十间木质建筑，奉有观音、药王、川主等石雕塑像。1935 年，因白蚁将楼柱蚀空，殿堂崩塌悬于眉睫，乡中信众捐资募化补修殿堂。

昔日山门殿外，雕凿有石马一对，作低头负重状，栩栩如生，神气活现。相传这对石马日日听闻高僧诵经，常在夜间跑到山下的田地偷吃秧苗。后来寺中高僧发现马嘴上常有泥土青草痕迹，知道是石马夜间出去作孽，祸害庄稼，于是不动声色，暗中吩咐徒弟去沙溪场上请了石匠师来，在马背上雕凿了马鞍，从此后，山下乡民栽种的庄稼再也没有被石马偷吃过。

20 世纪 50 年代后，殿宇被拆毁，古刹匿迹。

三圣宫

三圣宫，亦称上庙，位于长寿区晏家街道晏家社区，始建年代不详。寺院遗址在晏家场东隅，因供奉有蜀中三圣而得名，遗址现已建有现代建筑。

据村民黄德民回忆，旧时的三圣宫庙貌巍峨，殿阁辉煌，为晏家场上诸寺之首。昔有殿宇三进，木质结构。自山门前七级台阶而上为下殿，进而为戏楼。过天井上五级台阶为中殿，面阔三间。左次间内奉有一尊木雕鸡脚神，高约 2 米，四肢与躯干各大关节处以活动榫头相接。神像前地面暗置机键，香客走至近旁，触动机键，辄见扑上前来，双臂合围，状似拿人。右次间内供一尊泥塑无常神像，神态逼真，栩栩如生。中殿明间正中砌有神台，祀有观世音菩萨和川主塑像。后殿位于寺宇最北端，有三级石阶与中殿相连，亦面阔三间，明间奉蜀中三圣泥身塑像，周身着丝绵袍带坐在太师椅上，相貌威严。左次间为东狱殿，右次间为药王殿。

三圣宫自建成以后，香火旺盛，每年会期不断，以“药王会”“川主会”“观音会”规模最甚。庙会之期，善男信女斋戒沐浴敲锣打鼓，燃烛焚香前来朝拜，游人如织，远近闻名。

1949 年后，殿宇初为乡民借居，后逐年被拆毁，古迹现无存。遗址现仅有台基可寻，残高 0.53 米，用加工规整的条石垒砌。台基西侧有残存石踏跺 1 阶，残长 1.80 米，宽 0.35 米，高 0.23 米。

【云集镇】

福胜寺

福胜寺，位于长寿区云集镇福胜村 3 组，始建于明。寺院遗址距村东里许，灯杆堡拱其前，福胜冲口枕其后，周绕茂树，幽静清雅。

据乡民任淑芳讲述，相传明时，村舍有善士方氏，因无子嗣承业，故披剃受具，捐本分之膏腴，作桑门之供养。初创殿列两层，上奉佛祖，下供玉皇，祈报祷祝，皆于是焉。

民国年间，古寺尚存四合院式石木结构建筑，殿内供奉佛祖、玉皇、观音、药王等像。因年岁既久，神像颓坏，基址倾圮，1933 年，里境众善鸠工庀材，新塑武圣像及诸神像，而殿宇门廊露之者盖，缺之者补，丹雘黝垩，焕然有金碧之色。功用既成，轮奂维新，丹青炳耀，上可以告禳祝釐，下可以诱俗化人，前可谓盛而能传，后可谓美而能彰矣。

1949 年后，寺宇废弛，殿舍改建为学校。2013 年，学校迁出后，乡民拆除殿宇，古迹无存。

遗址现存基址一进，台基高 2.6 米，存 7 级台阶，宽 1.7 米。台基西侧勘砌有残碑一截，仅可识有“……佛胜寺自方姓明时捐舍爱宅为庙……清乾隆十八年……”数字。

华严寺

华严寺，亦名华一庵，位于长寿区云集镇福胜村2组，始建于明。古刹遗址在木鱼堡之巅，坐东南向西北，依山而建。相传明时，里境有善信，因嗣续之无人，向释迦而出世，捐本分之膏腴，作桑门之供养。乃发愿苦行，艰心自种力食。又谒本邑之绅庶众善，共议斯举，鼎建观音殿、左右廊庑、山门，兼塑金姿宝相，宗风衍派，宝刹日新。自是而晨钟暮磬，复振于一方，谈经说法，讲演法教。

清嘉庆年间，因栋宇久风弥笃，榱题凋落。复有乡中会首倡议，广募众善，捐资铨度，鸠工庀材，革故易新，殿堂门庑，焕然巍然，夹植两廊，与殿相翼。再增置金像，声之以钟鼓，列之以炉鼎。寺既成，购置常产，以为香灯之资。寺周栽植竹木，蔚成重林。寺有栖神之所，有藏经之楼，有宾客之位，有斋厨之室。殿宇壮丽，像绘森伟，规模轩豁，木石瓦甓。

民国年间，寺宇尚存四合院式土木结构建筑，三进殿宇。中轴线上有天王殿、观音殿、玉皇楼，两侧配以念佛堂、客堂、斋堂、寮房等殿宇。传说寺院在鼎盛时期有寺僧二十多人住锡，每年要收谷租200多石。远至垫江、铜梁等地的信众也常前来敬香瞻拜，历年如是，从未中断。时有僧尼如全、如义、如庵、如慧、海全等八人住锡寺内，护持道场。

1949年后，寺宇为乡民借居至今，尚有遗迹可寻。

华严寺遗址占地面积约800平方米。寺院基址的特点是利用缓坡地形，垒砌台基铺砌基石，再在上面修建殿堂，逐殿抬升，遗址现存基址三进。Ⅰ号基址位于遗址最西侧，东西约7.2米，南北约16米，平面呈长方形，台基高1.45米，现存9级台阶，宽1.3米，基址上建有住宅，为乡民蒋培顺居住。Ⅱ号基址位于遗址西侧，通过5级台阶与Ⅰ号基址相连，台基高1.35米，台阶宽2.14米，基址上存殿堂一间，木质建筑，青瓦覆顶，面阔三间16米，进深12米，为乡民王开明居住。Ⅲ号基址通过五级台阶与Ⅱ号基址相连，台基高 2.8 米，其上建有住宅，为乡民汤熟林居住。

遗址现存碑碣一通，青石质，阴刻楷书，宽 0.68 米，高 0.72 米，碑身可识文字如下：

永垂千古

从来世人所急最是饥寒，诸佛所瞻全在金彩……古刹昔□数百余年，近因殿宇倾颓，佛像□坏，是以立愿重修。奈一木难□，爰募众善，乐助多金，共襄厥成□此工程□□□□众□勒石刊名永垂不朽云尔是序……

嘉庆二十一年仲春上浣日吉旦

（功德芳名略）

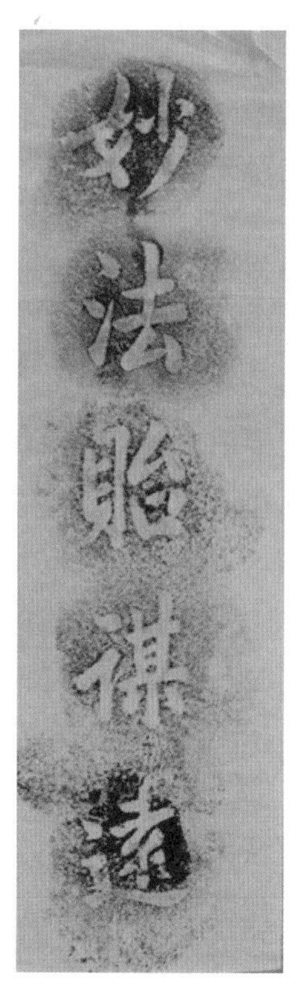

华严寺僧墓拓片

“永垂千古”碑拓片

玛瑙寺

玛瑙寺，位于长寿区云集镇玛瑙村 4 组，始建年代不详。寺院遗址在村西隅玛瑙寨内，坐东南向西北，依山而建。据村民王顺清回忆，古寺旧为三进四合院式木质建筑，前设山门，次关圣殿，次观音殿，次玉皇殿，高卑相因。库院廊庑，轩厅室庖，环列左右，无不整备。经像佛书，金碧雕镂日闪月映，极其完美，堪为一邑之佳境。

1949 年后，殿宇废弛。玉皇殿改作生产队面房使用，关圣殿、观音殿改建为饲养场。20 世纪 70 年代初，拆毁殿宇将寺宇栋梁抬走修建大队办公室，古刹从此匿迹。

遗址现存基址一进，平面呈长方形，东西约 18 米，南北约 14 米，地表现为复垦的耕地。基址西北端尚可见用加工规整的条石所垒砌的台基，残长约 7 米，残高约 0.42 米。

遗址尚存佛像残件二尊，位于遗址南侧荆棘丛中，圆雕，砂岩质，编号为 D1：1、D1：2。

D1：1，头、肩缺佚，可识为呈坐姿于方形台座之上，残高 0.50 米，宽 0.47 米。

D1：2，头、肩缺佚，身着长袍呈坐姿于方形台座之上，残高 0.62 米，宽 0.48 米。

万家寺

万家寺，位于长寿区云集镇清丰村8组，始建年代不详。其址万家山之巅，四顾山奇，而林木蓊郁，景物清绝。古寺虽不见于典籍记载，却是当地人尽皆知的古寺，昔日有僧众在此离尘修行，佛乐鸣奏，梵音萦绕，名传四方。

据村民汤淑惠回忆，民国年间，古寺尚有殿堂楼阁三十余间。上殿为观音堂，殿中供观世音菩萨，为整棵樟木所制，呈结跏趺坐姿于莲座之上，慈祥庄严，“龙女”和“善财童子”分立两旁；下殿为山门殿，内奉一尊笑颜常开的袒胸露脐的弥勒菩萨，系用砂岩雕凿，川主、药王等神像侍立两侧神台。弥勒菩萨笑口常开，以欢喜相迎接十方众生，望之即令人心生欢喜，有联曰：“大肚能容容天下难容之事，慈颜便笑笑天下可笑之人。”相传在五代梁朝时，奉化地方有一位和尚，经常背着一个布袋，终日奔走，劝化人家信佛，人们就称他布袋和尚。他在临终时说了一首偈：“弥勒真弥勒，分身千百亿，时时示世人，时人自不识。”此后，各汉传寺院里都以这位布袋和尚的形象作为弥勒菩萨，供奉在山门后第一座大殿里。

1949年后，殿宇初为民居。“破四旧”时期，殿堂、法物多数被毁，遗址今存中殿，为乡民杨连宣所居。面阔三间27.4米，进深9.2米，砖混结构穿斗房。台基高0.43米，存台阶2级，长4.12米。

万胜寺

万胜寺，位于长寿区云集镇万胜村5组，始建年代不详。寺院遗址在上磨槽冲山半，背枕秦家岭，坐东南向西北，依山而建。据村民冉晓平回忆，寺院原为四合院布局，木质结构穿斗房，占地约800平方米，三进院落，昔有殿堂禅房40余间。中轴线上由南至北依次为山门、戏楼、天王殿、大雄宝殿、天子殿等建筑。山门前立有石狮一对，寺内古木参天，花木繁茂，翠竹掩亭，环境幽邃。大雄宝殿内佛台上供奉有石雕阿弥陀佛、观世音菩萨和大势至菩萨塑像。阿弥陀佛像用青石雕刻，两侧的观世音菩萨和大势至菩萨均用泥塑彩绘。三尊造像比例匀称，气韵生动，面目庄严。

创寺之初，寺僧即办有染布坊，并植兰紫（做染料的一年生植物）数亩，每岁所获颇丰。民谚有“万胜寺的早饭，罗家场的场散；万胜寺的午膳，杨联打香鼓”。

寺院自建成以来，一直香火不断，鼎盛不衰，每年会期（庙会）不断。以每岁的六月十九日观音会规模最甚，香客从石子、乌杨、石柱等地赶来，会期长达月余方渐歇。

1934年，华严高等学堂由华严寺迁至万胜寺，后又迁至红庙。时有僧五人住锡于寺内，护持道场。1949年后，殿宇改建为学校使用，20世纪70年代末被拆除。遗址现已荒芜，原建筑格局不存。

黄龙庙

黄龙庙，位于长寿区云集镇玉龙村1组，始建年代不详。其址前拱坡丛岗，西望洞子山，东瞰大堡，四周局势宏敞，水绕山环。

据村民代先明讲述，里境旧有黄、龙二姓，族众甚多。清初，乡境有邪添窜，肆其焚掠。邑人畏蹂躏，乃修砦，御寇于其上。时赖此山而托为保障，遂有黄、龙族众捐金，命匠伐石，刻饰观音大士像于兹，岁时供奉，以黄龙庙而名。

寺庙旧为单殿式木质建筑，有殿舍三间，分祀观音、川主、土主。川主为泥塑神像，高约二米，身着黄袍，正襟危坐，在两边分别是药王、眼光娘娘、灵官菩萨等神灵塑像相侍。观音像为石雕，坐莲跏趺，金姿宝相，黝垩辉煌。殿前悬挂有大钟一口，钟声可传数里之遥。殿堂西南侧原立有一根高约五米多的木制灯杆，凡有许愿的信众，或者有香客诸事不顺，就会到庙里点灯七天，将灯升到灯杆顶部，祈祷菩萨护佑平安、消灾、解厄，名为“点天灯”。逢每岁农历的六月十九日，由各村会首募资办庙会三日而止。

20世纪50年代初，寺庙的殿堂被拆除，栋梁被运走修建民居。遗址现建有现代建筑，为乡民何明珍所居。

会前寺

会前寺，位于长寿区云集镇大同村 1 组，始建年代不详。寺院遗址在仁家湾袁家坡之巅，背枕中峰山，前拱尖山子。旧为三合院式石木结构建筑，正殿三间，两厢各二间，殿内曾供奉有泥塑、石雕神像三十余尊。

据村民李贵成老人讲述，传说乡境曾有一乞丐，腿有痼疾，只能两足蜷曲，擦地而行，行乞于街市，每日晚间爬行到寺庙里歇息。一天夜间，梦见三位长者，童颜白发，红光满面，微笑着向他走来，其中一位端着一碗汤药，命他服下。另一位握着他的脚言道：“腿伤已愈，何必再睡？”说完，飘然而去，不见踪迹。乞丐一觉醒来果然行走自如，四境善信民众皆为之震动，到此顶礼膜拜，寺庙的香火日盛。

民国年间，尚有僧尼惠成在此守护道场，经营薄田数亩，以为乡民诵经禳解，焚符火焰为业。

1949 年后，僧尼返乡，寺庙无人看护，20 世纪 60 年代被拆毁。遗址现为荆棘覆盖，古迹难觅。

遗址处现存有石雕残件一尊，砂岩质，残高 0.56 米，宽 0.34 米。仅可识有腰腹部及单膝为长袍所遮，余皆不可辨别，应为清代遗物。

老女庙

老女庙，位于长寿区云集镇石坪村3组，始建年代不详。寺院遗址在村西大坡岗之麓，坐东向西，依山而建。据乡民张建冰所述，老女庙相传建于明代，当时叫作观音庙，后来毁于兵燹，仅存遍地瓦砾。清嘉庆年间，又经邑绅徐氏募资重修后改名为老女庙，殿内所供奉的神像有释迦、观音、药王、川主、雷神等神祇。旧为四合院式土木结构建筑，占地约300平方米，上殿五间，两侧厢房各三间，下殿三间。寺庙所祀奉的主尊为释迦佛，下殿供三官大帝。民国年间，有僧尼德寿、德福等三人住锡寺内。

1949年后，殿宇废弛。1960年代初，寺宇被乡民拆毁。遗址现已为荆榛所覆，原建筑格局不存。

遗址东侧约100米处，发现有石狮残件一座，半埋于泥土中，长0.58米，宽0.42米。狮首虽风化漫漶，仍能辨其憨态可掬。

存残碑一截，砂岩质，残高0.41米，宽0.37米。碑身字迹漫漶，仅有“……每年会期……一议席后乱性者罚钱四千，不姑宽……”数字可识。

雷祖庙

雷祖庙，位于长寿区云集镇雷祖村 2 组，始建年代不详。寺院遗址在昔日云集乡雷祖场东隅，为四合院式木质建筑，占地约 600 平方米，规模较大。设山门、戏楼、正殿、两厢等建筑，主祀雷神，并奉观世音、十八罗汉诸像。相传清乾隆年间，里境大旱，有信士结伙去龙泉潭祈雨。归途中路过大堡寨寨山岭，风云突变，电闪雷鸣，暴雨大作。众善皆认为是雷神显灵，遂于归家后募资起殿宇，俗称“雷祖庙”，内塑雷神、雨神、观世音诸像，香火供奉。

民国年间，尚有寺僧五人守护道场。

1949 年后，殿宇废弛，遗址现已辟为田地，古迹无存。

雷祖庙，为祭祀雷神的庙宇，曾经在长寿城乡分布较广。雷神信仰源自于远古时期，先民对雷、电等自然现象的崇拜。《山海经・海内东经》载：“雷泽中有雷神，龙身而人头，鼓其腹。在吴西。”战国以后，雷与风、雨等神常被称为“师”，这是雷神的人格化。人们给雷公加上了许多社会职能，认为它能代天执行刑罚，击杀有罪之人，希望他能主持人间正义，所以在民间，雷神得到了广泛的崇祀。

龙泉寺

龙泉寺，位于长寿区云集镇雷祖村5组，始建年代不详。寺院遗址在村东隅龙泉潭西300米处，坐北向南，依山而建。其址旧有三层瀑布三层潭，四周有叠嶂层峦，云雾摩顶，身临其境，足令人爽情豁目，心旷神怡。清雍正十年（1732），涪陵举人李天鹏曾题《飞水洞》诗："滚滚源泉出山头，悬岩飞下洞中幽。中涵石室长开户，高撒珠帘不挂钩。听去湲风春带雨，坐来清冷夏疑秋。流行想到朝宗处，又向蓬瀛结蜃楼。"

相传寺地旧有古刹，明清之际，倏尔被焚，一劫尽空，几至废为平壤。迄于清时，有高僧自菩提寺行脚于此，募金置木，命匠鸠工，循旧址而复新之。建正殿、山门、廊庑、阶墁，种种具备，像千手观音于正殿。又置买田土，岁收谷以作香火之资。据乡民陶远国回忆，民国年间，寺院尚存有四合院式木质建筑，供奉鎏金释迦佛、十八罗汉、菩萨等神佛塑像，法相庄严，种种具备。时有僧九人在此住锡，遣俗虑，远世华，清净修持。

1957年因修建飞龙洞水库，拆毁殿宇。今址已为湖水所淹，古迹无存。

石牯寺

石牯寺，位于长寿区云集镇福胜村 3 组，始建年代不详。古寺遗址在石牯山之巅，坐北向南，依山而建。据乡民唐明志讲述，寺院旧为四合院式石木结构建筑。民国年间，曾全面培修，十方善信或解囊相助，或捐募工料。经修葺后，石牯寺焕然一新，雄伟壮观，古朴高雅。前有山门、牌坊、戏楼，后有大佛殿、玉皇阁、祖师殿和藏经楼等建筑。寺宇楼阁鳞次栉比，殿宇望衡，晨钟暮鼓之声，响彻山林。时有僧二人在此护持道场，朝暮礼拜，演习经教。

1949 年后，寺宇废弛。20 世纪 60 年代初，因修建公路，殿宇被拆毁，古迹不存。发现有石雕残件一尊，青石质，圆雕。残高 0.62 米，宽 0.47 米。可识为呈结跏趺坐姿于仰覆莲瓣之上，右足在上，莲瓣宽厚；腿部衣纹阴刻弧线纹，悬裳覆座；双手于腿上重叠结印，右上左下，手部漫漶。根据雕刻工艺及造型判断为清代遗存。

天子殿

天子殿，亦称新庙，位于长寿区云集镇飞龙村 8 组，始建年代不详。古寺遗址在村西隅蓝子湾山岭山半处，坐东向西，依山而建。

相传清初，有何、陈、龙、黄、严等五姓，为避兵匪之乱，携其家眷出游，避地入蜀。远陟于云集境域而歇，在飞龙场置买田地山林。族中长者风朝月夕，每徜徉而往来其上，乐其深静而广远，遂合议捐其地以为招提，谓广积福田，传之后裔。

据村民龙禄志讲述，民国年间，寺尚有殿宇三进，层次分明，错落有致。其大雄殿中位法报化三身，十八罗汉佐其两旁，庄严富丽，镂绘玲珑，仿佛于兜率矣。观音殿内立慈航杨枝观音，善财、龙女翊其左右，翚飞焕彩，敛仞起敬。牛王、川主、无常、灵官陈于山门，丹青黼黻，骇人心目，盖有睹像生敬，以起其向善背恶之心。凡众像严设钟鼓鱼板，又造石香炉设于座前，饰品以丹雘，壮丽可观，适完美矣。

1949 年后，殿宇为乡民借居，拆毁于 20 世纪 70 年代初。遗址现已辟为田地，古迹难觅。距寺址西南侧田垄边发现有佛座残件一座，雕凿为圆形，砂岩质，高 0.48 米，直径 0.52 米，可识有浮雕仰瓣莲纹，纹饰精美。

玉皇观

玉皇观，位于长寿区云集镇雷祖村 9 组，始建年代不详。古寺遗址在村西隅新屋咀岗之麓，坐西向东，依山而建，占地约 700 平方米。据村民卫克俊讲述，村中故老相传，雷祖场建场之初，此地即有古庙，殿堂廊庑，基迹尚存。雷祖场创设后，众善以殿宇岁久垣颓瓦脱，金碧剥落，顿减旧规，遂由严、胡二氏倡首，诸好义者乐助以资，起修大殿，合建经楼，而前殿丹墀并钟鼓楼，及两庑与玉皇楼，莫不沿故鼎新，并昭轮奂。一时佛像器具，威严灿烁；殿堂门壁，幽清净洁；园林树竹，葱茏翠馥，叹为一邑之佳景。

民国年间，古寺尚存殿宇三进。后殿以玉皇居之；观音、财神，并罗汉、龙神诸像合为中殿，置磬鼓于其间；前殿塑关圣、张爷、牛王。时有僧尼二人守护道场，祀奉香灯。每岁九月会期，四境禅衲闻风趋向，多地有信士虽远至百里之外，仍不惮路途险阻，必往瞻礼朝拜。

1949 年后，寺宇废弛。殿宇初改建为大队伙食团使用，今址复建有殿堂三间，塑有神佛塑像多尊供奉。

【云台镇】

五华寺

五华寺，位于长寿区云台镇拱桥村 3 组，始建于清。寺址在长寿最高峰五华山巅五华寨内，坐南向北，依山而建。

五华山在长寿邻水交界处的明月山中段，平均海拔 900 米，全山由大狮山、中狮山、小狮山、佛肚山、凤凰山五峰组成。其地峦岭曲折，景物瑰丽，向为方外清绝之境。清西充代理知事钟文鼎题有《登五华山》诗："冲天华盖出风尘，境赛桃源好问津。五朵莲花开世界，名山高卧太和春。"

五华山主峰大狮山巅建有五华寨，始建于清康熙年间，工竣于清雍正八年（1730）。斯时，里境兵匪肆虐，有首士领左右士民依山筑寨，沿山势边缘在坡度平缓的土丘边或崖壁缺口处用条石筑寨墙，并沿寨墙上东、南、西开有寨门三道。工竣后，在寨内预贮米石，以给饔飧，并制器械，办铅药，修房舍，逐年经营，规模渐增，谓有九堡十三湾，今东门尚保存完好。

五华寺遗址即位于五华古寨之内，相传旧有五重殿宇，宽敞平坦，高大宏敞。各殿之间以回廊相连，相互贯通，即使在雨天绕寺一周，也不会湿鞋。山门殿在寺址最南端，塑日神、月娘及风、雷、云、雨四神像，古朴典雅。过而为前殿，供奉药王和川主塑像，并祀眼光、牛王、送子诸神。沿殿后石阶而上可达观音殿，正中佛台上供观世音菩萨，两侧为文殊、普贤；沿两侧山墙亦筑有神台，各塑有韦陀、黎山姥母、黑神、梅公、雷神等造像；殿内后檐墙上开有券门，过券门后便是石子漫成甬路。三圣殿即位于甬路尽头，殿内奉有释迦佛、老君、孔圣人三圣像。黄经楼位于寺址最北端，一楼一底，楼下奉有玉皇神像，神台侧悬有径尺铁钟。楼上有走廊，可供上庙烧香拜佛的信士香客凭栏而眺，登高远望，可见菩提山、五宝山景。

寺址周遭古迹颇多，鸟韵香泉，清景逼人，向为里境士民观景吟诵之胜地。其一为神仙脚板：相传普贤菩萨曾显圣于斯境，一脚踏在菩提山上，因山体松软，使山顶形成一处凹痕。又转身踏上五华山，在山顶岩石上留下数处脚痕。其二为梭米石：传说古时，有年大旱，田里的庄稼颗粒无收，人们只能吃野菜、树皮充饥。观音菩萨寻声救苦到此，令土地公施法在四面山岩壁上变化出一个酒盏般大小的洞穴。每天晨间，山民来此孔穴前焚香乞求神灵帮助，洞中就会梭出来大米，赈济灾民，刚够一日之需。灾荒后，乡民募资在山顶建修寺院，供奉菩萨圣像，并招僧住锡。而梭米石每日溢出的大米，刚够寺僧每日所用。后来，村里有好逸恶劳者，找来凿石的锤子，叮叮当当地将孔穴凿成了水桶般大小，想用梭米去卖了换钱。哪知从那以后，这梭米孔再也没有粒米梭出。但“梭米孔”赈济灾民的传说却一直流传至今。

1949年后，寺宇废弛，今址尚有佛像残迹及八棱碑一通，可窥古寺旧貌。

八棱碑高2.01米，每面宽0.20米，每面皆阴刻楷书，因碑体漫漶，仅有部分文字可识如下：

碑一

礼部尚书兼都察院右都御史总督四川等处军务兼理粮饷管巡抚事加三级裕

钦命四川分巡川东兵伦□重夔绥忠酉石城等处兼管驿传事加八级记录十二次曹

□授四川重庆府正堂加六级卓（异）加一级记录八次　鄂

□授四川重庆府长寿县正堂加七级记录十二次　朱

四川重庆府长寿县事候补县正堂加五级记录八次　周

四川重庆府长寿县事题补安岳县正堂加五级记录十次　张　为

大清咸丰七年丁巳岁十二月上浣日穀旦

碑二

钦命总理军务太子太保兵部尚书四川总□□□

胡绳翠捐钱五十四千文、胡绳翠□□□、蹇智□□□……（功德芳名略）

碑三

特授四川东道重庆府长寿县正堂范

钦命四川总督部堂勒

御前侍卫内大臣参赞大臣□都将军世袭一等子德

嘉庆五年庚申岁仲冬□中浣日吉旦习儒生阳文明撰

碑四

且夫治乱关乎天心，安危系诸人事。今□盛衰存亡之故皆运□还□有□之为者也。遥溯□□。始□有贼首张献忠入蜀荼毒三十余载，厥后浪息风清太平一百六十载，□同道□□□休戈□□乎，如唐虞乎。□□□延今嘉庆元年，贼首王三槐□添极等，创号白莲教。由达州焚来千余□县，二年十一月临长寿焚□。官僚多剖腹挖心，人民皆□□血。□□三年，更有湘阳贼□泰贼张汉朝、萧古国、□大川等贼党数十，各伙万千俱入川而焚□之，男女非□即诛。□后安营盖□，蜀之东北地皆成灰烬，四民无地□身，故有□寨避乱之故。

碑五

□境五华山地□雄势险，气接烟霞，□□□人民爰为合力，捐资修砌□□。约费百余金而□工竣矣。于是起□□□□□□□□□□□□往来亦不莫□□□其名曰五华寨，系□□□□之地，制□古□□□□□□百□十万，剿贼数万千。迄今贼势将颓而兵□□□大抵□必有□□□□□□□何年□可□勳无录。爰勒□石后世，可□垂之，其人千秋作□□□□□□姓之名。今将众首□余□列于后以□为序。

嘉庆五年庚申岁仲冬月中浣日吉旦，习儒生阳文明撰。

碑六

御前侍卫内大臣参赞大臣□都将军世袭一等□德

钦命四川总督部堂勒

特授四川东道重庆府长寿□正堂□范

八棱碑

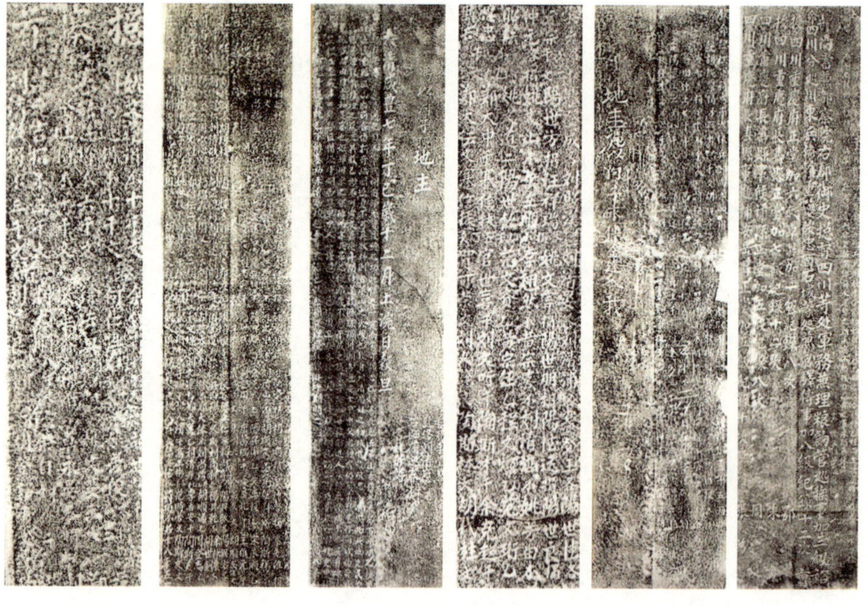

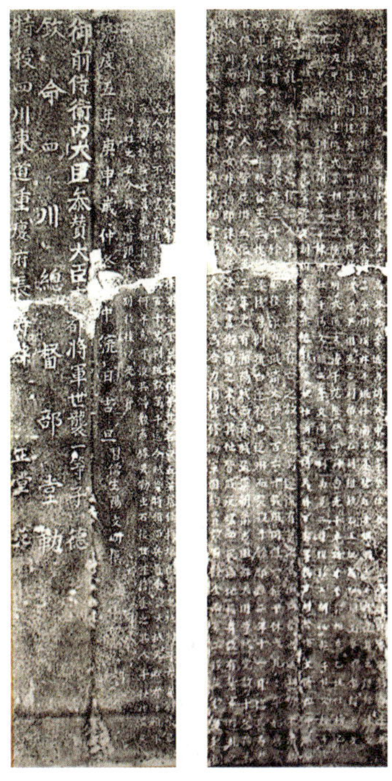

五华寺拓片

五华寺寨门

明月寺

明月寺，位于长寿区云台镇桥坝村5组，始建年代不详。据民国《长寿县志》载："明月寺，场西北十二里。"

寺址在明月山巅，坐南向北，面向大兴寨，依山而建。昔日僧众在此离尘修行，佛乐鸣奏，梵音萦绕，名传四方。

据村民周福期回忆，相传寺宇创于明季，昔日殿宇垣墙，无不备举，兵燹后，没于荒烟蔓草间，莫为人知。清初时，有周、刘、白等诸姓，由湖广跋涉至此插占为业，于林间掘得"千佛宝林"，知为佛地。遂谋于族众，辟榛荆，重理组殿，梵宇规模，焕然一新。清咸丰九年，主持僧又凿山数丈，拓其基，增修殿堂，翼以岑楼复阁，长廊广庑，斋厨浴堂，清净庄严。

民国年间，古寺尚存有殿堂五进，以中轴线布局，南北贯穿，逐级抬升，布局紧凑，错落有致，雄伟巍峨。自南向北依次分布着山门殿、天王殿、观音殿、地藏殿、大殿等主要建筑，两侧对称排列着钟楼、鼓楼、川主殿、祖师殿等殿宇。大殿内供"千佛宝林"佛塔，高丈九（约8米），宽约3米，塔身分25层，每层皆镌25尊佛像，层层设龛，或千佛像，或供养像，姿态各异，繁丽精巧。塔顶镌释迦坐像，手扶凭几，趺坐于二狮子座上，旁有二侍从，身后有莲花背光。整座塔身外贴金箔，巧制精绝，夜辄光华。

过大殿为地藏殿，前出廊，花棂隔扇窗门，檐柱均用合围粗的马桑树所制，地面全用青砖铺砌。殿内供木质佛像，结跏趺坐于莲座之上，额如明月，口若含丹，法相庄严，两侧山墙上绘满佛教故事壁画。佛台西侧悬挂大钟一尊，饰有法轮、法螺、宝伞、白盖、莲花、宝瓶、金鱼、无尽结等吉祥花纹，造型古朴。

明月寺每年会期众多，如拜阴塔、拜阳塔、拜大忏、拜血河，每岁九月间观音会，冬月间拜塔会。会期之日念经拜忏、焚法船、放焰口。法会期间，附近各乡善男信女相约到寺院烧香膜拜，盛况历久不衰。逢观音圣诞，乡民入寺礼佛，巡寺随喜，又常可见善士在道路两旁，房前屋檐下，遍插香烛，通宵达旦，为乡中旧俗。

1949 年后，寺宇废弛，殿堂为乡民所居。今尚有台基三进可寻。寺庙基址的特点是依山势先垒砌平台，平台前沿用加工规整的条石垒砌，然后在平台上建造房舍，逐殿抬升，主要建筑都位于中轴线上。

雾神寺

雾神寺，位于长寿区云台镇黄葛村 7 组，始建年代不详。寺址在木鱼咀山巅，前倚小山堡，后靠四眼堡，坐西南向东北，依山而建。

其地层峦秀岭，四方环列，松柏葱郁，竹繁而秀，望之如东溟海市，有宫阙物类，或隐或现于沆瀣鸿蒙之表，故寺以雾神而名。

据乡民胡摁数讲述，相传寺宇建于北宋，历来香火旺盛，鼎盛时期寺僧上百，库院廊庑，轩厅室庖，无不整备，亘古道场，巍然庄严。

明末清初因社会动荡，兵乱四起，巴蜀各地屡遭劫掠，古刹也蒙劫难，只剩残迹横亘，景况萧然。清初康熙年间，社会渐趋安定，于是邑人募资重修殿宇，若斋厅寮阁，佛、菩萨、罗汉诸圣像，日积月累，次第饬立，道场渐趋兴旺，灾殄灭熄，福禄鼎来。

民国年间，寺宇尚存二重殿堂，土木结构建筑，僧尼五人住锡于此，护持道场。前殿为天王殿，进而为观音殿、玉皇楼，钟楼、鼓楼翼其左右。每殿两侧均有配殿，设客堂、禅堂、斋堂、僧寮等，殿与殿之间设有廊道、花圃，配殿旁还建有寺厨、仓库等建筑。

寺院的主体建筑为观音殿，供有观世音菩萨圣像，高约 2 米，两侧是 32 应身圣像，每尊高约 1 米，全为香樟木雕，金箔装饰，塑艺精湛。

1949 年后，寺宇废弛。今址已为蔓草所湮，古迹无存。

元林寺

元林寺，位于长寿区云台镇古灵村 5 组，始建年代不详。寺址在村西隅和尚坡之巅，坐南向北，依山而建。

其址前拱马鞍山，西连团坡岭，东向擂鼓坡。四界广陂深渠，肥田沃土，鸡犬桑麻，盖为里境最宜居处。

相传古寺创始久远，莫究其始，历为观音道场，世代膏火相续。清初兵燹，殿宇荡为墟莽，而残坏佛像犹存。

清咸丰年间，有善信余、彭、胡三氏倡首，捐资募化，重修梵宇。越岁厥功告成，佛殿、经楼、天王金阁等殿及两庑廊室，俱极美观。又饰诸尊者，庄严妙丽。

据村民余泽中回忆，民国年间，寺宇尚存四合院式木质结构建筑，有山门、戏楼、药王殿、观音殿、两厢及钟楼等建筑。另有禅室、斋所、厨房一应俱全。寺内供奉有释迦佛、观音大士、十八罗汉等佛像七十余尊，均由青石雕刻而成。观音殿为寺宇的主体建筑，内奉一尊石雕大士圣像，饰以金碧，颈戴璎珞，臂佩钏，曲眉秀目，神态温婉，和煦如春。

乡中旧俗，每至初一、十五或佛诞会期，善男信女，手捧佛珠，头顶香盘，朝寺拜佛，历久而不衰。

20 世纪 30 年代，因庙产兴学，部分殿堂被改作学堂使用，寺院渐趋衰落。后又经战乱，屡遭破坏，至 20 世纪 50 年代初期，仅存残垣断壁。今址已辟为田地，古迹无存。

复兴寺

复兴寺，位于长寿区云台镇清泉村2组，始建年代不详。寺址在庙咀坡之麓，坐西南向东北，依山而建。

相传古寺创于明朝，曾经规模宏大，依山顺势而建，殿宇重叠，蔚为壮观。

据村民彭学远回忆，民国年间，寺宇尚存，为四合院布局，木质建筑，占地约700平方米。有三重殿，中轴线南北贯穿，逐殿抬升，由北至南依次为山门殿、三圣殿、玉皇楼等建筑，整座殿宇飞檐画栋，雕梁翘角，气势宏伟。

寺内供有大小石雕、木身佛像一百多尊，如释迦佛、观音菩萨、十二圆觉、地母、药王、川主等神佛塑像。1949年初期，尚有寺僧二人住锡于此，晨钟暮鼓，焚献精虔。

殿内供奉一尊观音菩萨，为楠木所制，高约2米，头戴如意珠翠华冠，袒胸露背，肩臂有帔帛缠绕，系围腰长裙，双手抱左膝，结跏趺坐于莲座之上。面相方圆，曲眉隆鼻，长目半睁，形貌优美，为不可多见的佛像精品。

乡中旧俗，每至佛诞会期，四境善信聚集于此，礼佛烧香的人络绎不绝，少则百人，多则千余。

1949年后，寺宇为乡民借居，后因年久失修而塌毁，今址无存。

据遗址西侧约300米处山林中发现有佛像残件两尊，石柱础一件，根据雕刻工艺及造型判断应为清代遗物，编号D1：1、D1：2、D1：3。

D1：1，佛像残，头部缺佚，圆雕，青石质，两臂处布满青苔。着圆领宽袖长袍，呈坐姿于方形台座之上，双臂下垂，双手于腹前合拢，为广袖所遮。残高0.64米，宽0.28米。

D1：2，佛像残，头部缺佚，圆雕，青石质，佛身起苔藓，腰部以下风化起尘。着长袍，腰系宽带，左手扶于膝上，右手执于腰间宽带。残高0.65米，宽0.22米。

D1：3，为石柱础，黄砂岩质，两层垒叠。下层为六面柱，上层为圆鼓形，通高0.55米，直径0.30米。

古灵寺

古灵寺，位于长寿区云台镇古灵村 2 组，始建年代不详。寺址在村东隅斑竹寨侧庙子坡巅，坐北向南，依山而建。

寺址后有一条山梁沿南北方向延伸，当地人称为斗坡岭，山麓处有小土丘名团坡岭，其上原有寺基，即古灵寺旧址。相传清嘉庆年间，古寺为兵燹火焚，仅存佛像露立于乡间田野。

清同治年间，有善信彭氏得其地，睹其风雨飘摇，鸟鼠攸去，日就荒凉。遂倾尽所有以为费，迁址于寺地西庙子坡，重建庵宇。始创伽蓝殿，再大佛殿。越岁工竣，诸佛菩萨，金碧灿彰；前殿后殿，楹桷焕著；翼以两廊，左右配矣；周以缭垣，内外坚固。寺内遍植翠松古柏，门外激湍清流。物采毕陈，天光流露，俨然一香林宝刹。

民国年间，古寺尚存四合院式木质建筑，高低错落、左右对称，建筑巍然，殿脊罕见。由北而进，初为山门殿，正中塑伽蓝菩萨像，楠木雕凿，两侧佛龛内有药王、川主泥塑神像；再进为大佛殿，古朴大方、飞檐凌空，殿内居中为结跏趺坐于佛台的释迦佛，两侧为胁侍文殊、普贤二菩萨及迦叶、阿难两弟子。东西配殿上各塑观音大士、十八罗汉、送子娘娘、眼光菩萨及财神像，个个威严肃穆、栩栩如生。

20 世纪 30 年代初，因庙产兴学之故，殿堂为学堂借居，寺院渐趋衰落。时有僧含如住锡于此，晨钟暮鼓，勤苦修持。20 世纪 50 年代，村民将殿宇拆毁，将寺院基址改为田地耕种，古刹从此匿迹，今址无存。

青云寺

青云寺，位于长寿区云台镇青云村6组，始建于清同治年间。据民国《长寿县志》载，青云寺在青云场。寺院遗址后倚罗汉石岭，面向王家寨，与三教堂相邻。相传清同治年间，有王、梁、范、李、佘、向、张等七姓先祖由湖北麻城跋涉至此插占为业，历经数代后，家业兴旺，遂捐资建寺。

据村民刘发邻讲述，寺本古刹，历年久远，历朝皆有兴毁。迨至民国年间，尚存四合院式土木结构建筑，有上下两殿，占地约五亩。

古寺之主体建筑由北至南，依次为上殿、下殿、配殿、山门。上殿供释迦佛，两侧以文殊、普贤菩萨相侍，殿门有联云："绕寺千嶂，祥云随雾起；出门一笑，慈雨自天来。"下殿为观音殿，奉观音菩萨和左右胁侍善财、龙女。殿门镌联曰："运不尽慈悲，无非救苦救难；示千般手眼，总像观世以观音。"东配殿依次为阎罗殿、五官殿、平都殿、宋帝殿、楚江殿、秦广殿、南岳殿；西配殿渐次为卞成殿、泰山殿、转轮殿、东岳殿，殿门有联"善来此地心无愧；恶过吾门胆自寒"，横额题"惩恶扬善"。下殿为两层木质建筑，一楼供关帝、金花娘娘，二楼奉雷神、药王诸神。山门有联云："青云皆为善者步，道举都是同登人"，整个建筑为土木结合，木建筑为主体，布局紧凑，雅致精美，匠心独运。山门前，点缀片片紫竹，连片成林，寺后林木葱茏，花木繁茂，确为一风水宝地。民国年间，尚有僧惠全、通林、普顺住锡于此，晨钟暮鼓，侍奉香灯。

1949年后，寺宇改建为黄葛中心校，古迹今已无存。

三教堂

三教堂，位于长寿区云台镇梅沱村 8 组，始建于清乾隆四年（1739）。寺址在碉楼堡岗之巅，面向垫江古佛寨，坐西北向东南，依山而建。寺地原建有山寨，为防御盗匪而建，方圆二十余里，分内外寨，古寺即建在内寨中。

据村民于世海回忆，民国年间古刹尚存，为四合院式土木结构建筑，计有殿堂禅房 30 余间。中轴线上依次为山门（戏楼）、观音殿、大殿等建筑。山门前立有狻猊一对，青石雕凿，威武雄壮。寺内古木参天，花木繁茂，翠竹掩亭，环境幽邃。山门殿一楼沿两侧隔墙筑神台，分祀药王、川主、黎山斗母等神祇塑像；二楼为戏台，穹隆藻井，层层盘旋向上，俗称“鸡笼顶”。大殿内神台上供奉有石雕孔圣、老子、释迦佛塑像，故寺以“三教”而名。殿门镌联曰：“数青山第一，数白云第二，老夫居青云，谁是第一，谁是第二；三教儒在前，三才人在后，小子本儒人，岂敢在前，岂敢在后。”横额题“出自心中”。

寺有庙地 27 亩，僧尼 6 人，禅耕自举，钟鱼鼓板，朝暮相闻。1937 年，因庙产兴学，在寺内开办私塾教授新学。20 世纪 50 年代后寺宇废弛，殿宇为乡民借居。遗址现存石雕残件一块，长 1.2 米，高 0.46 米，厚 0.16 米。可识为着长袍，腰系带，呈坐姿于方形台座之上。左手放于膝上，掌心向上，手持一物，右手环于腹前，掌心向上，手握一物，已风化。柱础一件，高 0.42 米，宽 0.35 米，为二层垒叠而成，下层为五边形，每面开浅龛，上层为圆鼓形，底部有圆珠纹。

卧云庵

卧云庵，位于长寿区云台镇小河村2组，始建于明万历年间。据民国《长寿县志》载：“卧云庵，场北十二里。”

寺址在村北隅猫儿寨之麓，坐西南向东北，依山而建。其址左接和尚坡，右接长岭岗，周遭翠竹掩映，青翠满目，景色幽邃。

据村民彭伯清回忆，寺院相传为重庆罗汉寺角庙，旧为四合院布局石木结构建筑。寺宇鼎盛时期，有各式殿、堂、阁、寮七十多间，是里境著名的禅寺。

民国年间，寺宇已渐凋落，尚存上下殿等建筑。寺址北隅为山门，上挂有木额匾，上书“卧云禅寺”。进而为关圣殿，正中供有泥塑关圣帝君神像，两侧分列石雕川主、地母、华佗、药王、牛王等神像。关公原是三国时蜀汉人物，为刘备手下大将，后世民间将关羽奉之为神。隋代时天台宗的创始者智者法师，为其授三皈五戒，从此成为佛教的护法神，称为“伽蓝菩萨”。

进而为大佛殿，供奉有释迦牟尼、普贤菩萨、十八罗汉等塑像，均由香樟木雕刻而成。相传，雕制佛像时用的香樟木，为清嘉庆年间，里境善信举人韩云所供养。大佛殿两侧建观音殿、客堂、斋堂等建筑，两堂门额上方均挂有鎏金木匾。

20世纪50年代初期，尚有僧慧灯等三人住锡于此，每年要收租谷20余石（325斤为1石）。乡中旧俗，每岁的农历四月二十八日，寺院要办药王会，会期七天。寺僧采集金银花、陈艾、茅草根、柴胡等中草药按比例配方，熬制大锅。参会的信众无论男女老幼都要喝上一碗。

后来，寺院为乡民借居，虽经逐年改造，旧貌已失，然建筑格局未变。

卧云庵遗址坐西南向东北，东经107°12'34"，北纬30°10'4"，海拔399米。遗址平面呈矩形，东向长约30米，南北宽约23米，占地约690平方米，地表现状为改扩建的民居。尚存上殿基址，其上为改建后的土木结构建筑，面阔15.7米，进深10.2米。基址前沿系用条石垒砌，台基高0.89米。正中存4级台阶，长4.9米。

仙桥寺

仙桥寺，又名轿坝庙，位于长寿区云台镇轿坝村 1 组，始建年代不详。寺院旧址在明月山麓桥坝峡谷内，坐西南向东北，依山而建。

桥坝峡谷其地岩谷深邃，曲涧清流，林壑秀美，天然一佳境。昔日峡谷内建有石桥一座，东西向，横跨溪涧其上，有桥墩十三个，桥面是由宽约 0.6 米、厚约 0.5 米的砂岩条石用横直交错的方式铺就，宽约 3 米。陟涉其上，凭栏俯视，屹峙嶒嶙，水流环润，丛篁古木，蓊郁荫翳，自下仰观，又若长虹亘天，横绝霄汉，乡人谓之仙桥。

据乡民所忆，昔日古寺为三合院式木质建筑，正殿五间，供释迦佛，并列十地菩萨、文殊、普贤、观音诸像，金石荧煌，翚飞焕彩，镂绘玲珑，仿佛于兜率矣。仙桥上亦建有配殿，二层木质建筑，奉有地藏、罗汉、药王、川主等神祇，金像堂皇，庄严富丽。每至夜间，寺僧至桥上燃起桥灯，夜夜灯光闪烁，山下云台、青云、黄葛诸乡场亦能远望，此即乡人所谓之“千人拱手，万盏明灯”旧景。

20 世纪 70 年代初，修建云台至义和的公路从此间而过，拆掉仙桥，殿宇亦被毁。现有信众募资在旧址重修的殿堂一间，接续古刹香火。

应祝寺

应祝寺，位于长寿区云台镇应祝村4组，始建于清咸丰年间。寺址在村西隅庙堡之麓，坐西向东，依山而建。乡中所传，古寺为清咸丰九年（1859），里境善信王道祝捐资所建。

民国年间，尚有殿宇二重，土木结构。前为山门殿，后设玉皇殿，两翼以观音殿、罗汉堂、客堂、斋堂相围，另有禅室、斋所、僧寮等一应俱全。然因年久失修，栋宇颓废，台殿倾圮，景不如前。

1932年有里境善士杨清云、龚和丰、刘太清倡首，募化钱谷，鸠工庀材，改建前殿。其后殿之坍塌零落者，并稍稍整理。于左右添设三楹，为缁流卓锡之所。

20世纪50年代后，寺宇废弛，殿宇废弛，为乡民所居，拆毁于20世纪90年代初。距遗址西侧约60米处民居石阶上，发现有残碑一截，为培修寺院募资的功德碑，可识文字如下：

兹将捐资众善姓名资目列于后

总首杨清云、龚和丰、刘太清……

阳国安、王清山、王德尧、王道顺、王昭武、程瑞林、程仲达

王昭文、吴文现、陈□□、王利□

孔□祥、程广□、孔瑞清、王福田、程明□……

……民国……

东海寺

东海寺，位于长寿区长寿湖镇狮子滩村，始建于明。寺本古刹，建修于明万历年间，曾经香火氤氲，声播百里，信者如流。相传寺宇鼎盛时期，有僧十数人住锡于此，晨钟暮鼓之声终日响彻山林。明崇祯间，里境兵燹，寺宇倏尔被焚，一劫尽空，几至废为平壤。清乾隆年间，有禅师飞锡回涪，携徒照祥，以宏愿之力结檀施愿，重兴古迹道场。乃剪荆芟棘，不恤辛劳，开辟旧址。后有一方善士捐资，集众重建殿阁，又竖释迦莲台。一人倡而百人和，咸绘佛装像，同时备举，焕然一新，巍巍壮观。

民国年间，寺宇尚存有三重殿宇，屋舍60余间，土木结构建筑，四合院布局。前有山门、天王殿，后有佛祖殿、龙王殿等殿宇，由东而西，梯次排列。山门外设无常殿、魁星楼，倡导世人，行善积德，崇文思贤。寺中佛像全为青石雕凿，塑技高超、栩栩如生，为世所罕见。佛祖殿是寺院的主体建筑，殿内正中释迦佛静穆端庄，栩栩如生。

寺有田产90余亩，年收谷租百多担，寺产颇丰。时有僧慧澄、常明、常贵等五人住锡寺内，侍奉香灯。

1949年后，殿舍为村民所居，今址殿堂尚存。遗址存有碑刻数通，青石质，分述如下。

碑一，此碑高20.16米，宽0.90米，厚0.14米，阴刻楷书，可识文字如下：

重修东海寺并常住粮碑记

大清一统驭世僧俗济美，百废俱兴，诚盛事也。东海禅林自光明万历年间□宇……称鲁灵之胜。因崇祯甲申兵燹火毁罄成丘墟，蔓草荒烟蜓亘千里。荷□本朝文……□禅师俗姓□，系袁氏子□□□飞锡回涪，携徒照祥，剪荆芟棘。自甲辰以至甲申……两殿山门等处修建齐备。复将上下正座释迦如来，四下菩萨及十二圆觉十八……新，庄严色相实为美观。业以告成索记于余，余曰□□也，非具□新日月特地……□□然千金□□非一狐之腋，大厦材非一木之支。幸有本境同姓异姓之……所有，开复常住四置田界。左抵庙岭青龙□并袁洪义喜舍田地为断右……墙垣高石坎直遇小□后，抵破石岗妙心和尚塔前，至前塘永远为界噫……□□□而有不回向于佛前成不朽之盛事者□□也哉

碑二，此碑高 1.26 米，宽 0.74 米，厚 0.11 米，阴刻楷书，可识文字如下：

文教光昭

国家崇祀圣人，□立登星阁春秋二祭祀典肃然……圣人者历代帝王□师□□□者学士人文之……值诞□□日不当伸庆祝之城哉。近地东海寺……宗□堂□进兴达等募众捐资以成厥事。数年……将众君子姓氏勒诸贞珉以志不朽，而问……一以培文风行见此会即兴诵诗读书者……文星之福未必非首事等之力也是为序。

（功德芳名略，无落款）

同結善緣

怀碧庵

怀碧庵，位于长寿区长寿湖镇红光村 9 组，始建于明。相传明末有吴三桂部将张永奎于寺地驻扎时，夜梦菩萨讲经，醒来后依梦境所示，在此建寺祀佛。清康熙年间，寺毁于兵燹。厥后有僧飞锡于斯，发愿苦行，重兴道场。乃不辞辛劳，谒本境绅庶众善，共议斯举，鼎建大雄绀殿、左右廊庑、山门，兼塑金姿宝相，宗风衍派，古刹维新。由是殿宇辉煌，万象森罗，众姓瞻仰似潮可观。

据村民杨正宇回忆，民国年间，尚有大殿三重。自南向北依次为天王殿、观音殿、大佛殿等建筑，两翼有经楼、鼓楼、钟楼相备。殿内原有大钟一口，高八尺，重千余斤，传说系黑夜飞来，人不能悬。寺有田产，年收谷租 40 多担，另有香火田一块，乃信众捐施，岁收谷用于观音会灯火之资。20 世纪 30 年代初，因庙产兴学之故，寺产被提留公用，尚有僧尼三人住锡于此守护道场。

1913 年里境信士舒绍虞设云集乡立小学校于寺内，学生来自附近九个乡和涪陵蔺市等地，住校学生达百余人。1942 年，学校改名为云集中心校。1949 年后，仍设学校于寺内，今址荒芜，殿堂犹存。

怀碧庵现存殿堂占地面积 999.7 米，坐南向北，四合院布局，现存前殿、中殿、上殿和配殿。

前殿面阔 21.08 米，进深 8.5 米，高 6.1 米，素面台基高 0.4 米，存台阶二级；木结构，悬山顶，抬梁式梁架，五架梁。左右存厢房各一间，面阔 3.8 米，进深 4.15 米，高 5.11 米。

中殿面阔五间 18.65 米，进深 8 米，高 5.7 米，素面台基高 0.4 米，存台阶二级；木结构，悬山顶，抬梁式梁架，五架梁，檐下施斗拱若干，脊檩墨书题记“康熙十一年”。

上殿面阔五间 18.6 米，进深 10.87 米，高 6.5 米，木结构，悬山顶，抬梁式梁架，五架梁，檐下施斗拱若干，斜撑镂雕花卉鱼鸟。

遗址发现有石碑二通。碑一为砂岩质，碑身漫漶，可识落款有“清光绪丁丑年二月”字样。碑二为青石质，方首，方座，高 1.80 米，宽 0.40 米，额横书“永垂百代”，碑文可识如下：

永垂百代

盖闻莫为之前虽美弗彰，莫为之后虽盛弗传。古有环碧院者，茂林修竹幽趣豁然。其中有汉关夫子者，创之前人，规模壮丽亦所□神盛矣。自戊午岁经贼匪践踏，僧人欲培修装塑，奈力不从心。越至辛酉年始为创造，而暮春告成，真不幸中之一幸也。呜呼，铜台烟锁吴宫□□亦知数千百年后摩挲日月，倚仗乾坤舆院中之佛像□□□美，而有此神灵不昧者。□□呼僧不敢自矜独断而培补维新之意，亦不过与众世主聊效一竭诚靖共之意云尔，以是为序。住持真馗捐资□三十千文，匠师江登歧刊，王国珍沐手书。

（功德芳名略，其中有僧真亮四千，僧真如两千，僧元亮僧园清僧静庵各一千文）

真慧、真果、真坤，徒常印，侄常伦、常德、常性、常云，徒孙法端。

嘉庆七年壬戌岁□冬月朔八日榖旦。

三教寺

三教寺，位于长寿区长寿湖镇石岭村 6 组，始建于清，古寺遗址在村西隅花庙岗之麓，坐东向西，依山而建。其地有竹树茂密，林壑荫深，寺后突起一峰，状如狻猊。每至其境，不作尘世间想。

相传寺宇创修之初，仅有殿堂数楹，田数亩，不过足供焚修而已。迨清道光年间，有邑绅王氏，施寺前窑河湾岗田业为寺田，岁受谷作香灯之资。寺僧又积锱铢，增置常产，庶几钵有余粮，而丛林自此渐盛矣。

民国时期，古寺尚存殿堂两重，中轴线东西贯通，依次为戏楼、山门、天王殿、三圣殿及其他附属建筑，占地约八百平方米。整座殿宇建筑结构严谨，均以青瓦铺顶，高脊飞檐，雕梁画栋，雄伟壮观。每逢农历正月初一、六月十九和八月二十二，善男信女朝寺进香者不绝于途。众善于殿内拜佛，虔诚之至。时有僧尼三人护持道场，住持僧擅武艺，手臂上常年套一对铁环。

1949 年后，寺宇废弛，殿堂改建为学校使用。20 世纪 80 年代初，学校搬迁后，殿舍为民居，经逐年改扩建，已失旧貌。在民居檐上发现有嵌砌的残碑三截，有文字可识。碑一为楹联“铁□鹤驾腾，金山龙穴藏”，碑二为砂岩质，呈方形，文字漫漶，仅可识落款为“清道光二十六年”。